図解 こちらバーチャル区役所の空き家対策相談室です

空き家対策を実際に担当した行政職員の研究レポート

松岡 政樹 著
幸田 雅治 監修

公人の友社

≪監修の言葉≫

　近年、管理がなされずに放置され、周辺環境に衛生上・保安上の問題を生じている空き家の増加が大きな社会問題となっており、今後、この問題はさらに深刻化することが予想されている。この問題に対処するために、多くの地方公共団体で空き家対策条例の制定が相次いだ。その後、「空家等対策の推進に関する特別措置法」（以下「空家法」という。）が制定され、2015年2月に施行された。

　しかし、基本的に、空き家対策条例や空家法は、老朽化した危険な空き家への対処を目的としているものであり、これだけで空き家問題が解決できるほど、ことは単純ではない。空き家問題は、空き家所有者の探索や所有者不在空き家に係る財産管理制度の活用などが求められる場合があるし、空き家の利活用の取り組みへの関心も高くなってきている。

　また、空き家は建物であるから、空き家とされる建物の建築基準法上の位置づけをしっかりと理解しておくことが欠かせない。このように、空き家問題は、様々な課題に関連してくる問題である。

　したがって、自治体の現場では、空き家問題に関連する多くの法律知識を身につけた上で、個々の複雑な事例に対処することが求められており、自治体の担当職員の悩みは尽きない。

　本書は、著者である松岡氏が、空き家問題を7年間にわたって担当し、その豊富な経験に基づいて執筆したものであり、現場の実態を踏まえた貴重なノウハウやポイントが詰まった書である。

　本書の特徴として、第一に、空き家問題に関係する幅広い法的知識と著者の実際の相談事例を含めた実務的な対応策の情報が得られること、第二に、所有者不明土地法、平成30年建築基準法改正、住宅宿泊事業法などの最新の動向が盛り込まれていること、第三に、会話形式でのやりとりやイラストなどによって親しみやすく読みやすい本となっており、また、フローチャートや穴埋め方式の確認メモなどが織り込まれ、自然と知識が身につくような工夫がされていることを挙げることができる。

　空き家問題を担当している自治体職員にとっての課題が実務的観点から明らかになっており、実務で悩んだ際の拠り所となる書となっていると言えるだろう。空き家問題で悩む住民がしっかりと制度を勉強しようと思った時にも大変役に立つ書でもある。空き家問題を実

務に即して包括的に理解できる書として類書はなく、また、最適の書であると確信している。

　監修者は、空き家対策条例や空家法を研究する過程で、全国の10数か所の自治体の空き家担当者からヒアリングを行ったが、その中で、松岡氏ほど、空き家対策の実務上の課題を的確に捉えている人はいなかった。現場の苦労話も数多く教えていただき、勉強させていただいた。監修者として行ったことは、用語の統一や、理解しにくい表現についての修正や統一などであり、それに留まるものである。

　多くの自治体職員が、本書によって、空き家問題に関する正しい知識を得るとともに、専門的知識に裏打ちされた実務の知恵を体得していただき、空き家問題の解決に役立てられることを願っている。

　　　　　　　　　　　　　　　　　　　　　　　　　　　　　　幸田　雅治

はじめに

1、発刊の経緯について

　近年、全国レベルで少子・高齢化に伴う人口減少が叫ばれるなか、居住していた方が亡くなり、その家の相続人や管理する人がいないために適正な管理がなされず、近隣住民が迷惑を被るという空き家の問題が深刻となっています。

　本書は、私が平成29年3月までの7年間に、勤務先の中野区役所で建築監察（違反建築物の取締り）という業務を行うなか、空き家対策に携わった経験を基に、現役の行政担当職員としての立場から書かれています。
　当初、この本の原稿は、人事異動に伴い、「中野区職員のための空家対策ハンドブック」として後任者が空き家対策で困らないようにという老婆心から書き上げた引き継ぎ文書であり、業務上のマニュアル的な意味合いがある私的な内部文書です。

　ところが、「空き家問題」が区議会でも取り上げられるようになったので、この問題に熱心に取り組まれている区議会議員の方々や関連する部課長級の幹部職員にも配布するようになりました。その後、行政の空き家対策について調査をされている大学教授や弁護士、行政書士等の専門家の方々が区役所に来庁された際、この原稿が目に留まり、機会があれば空き家問題で悩んでいる人たちに役立つような一般向けの本として正式に出版してはどうかとのお声を頂くようになりました。

　そこで、空き家の所在地や所有者等について推測が及ばないように記載内容を一部削除して、具体的な事例についてもできるだけ簡素化に努めるなど、「公務員の守秘義務」に鑑みた措置を行いましたが、空き家対策を考慮する上で役に立ちそうな事案については、一般的な事例として紹介できる形へと書き換え、イラストやアニメ的なキャラクターも挿入し、文章は話が理解しやすいように対話形式にする工夫を行いました。そして勤務先の人事から出版に関する許可を取得して、このような形で本書を発刊する運びとなりました。

2、本書の目的と構成等について

　本書は、空き家を所有・管理している方や相続することになってしまった方が、空き家の利活用又は処分について悩んでいる場合や、逆に放置された空き家の付近に住まわれている方で何らかの迷惑を被って困っている場合に、この先どうしたらいいかの判断を下す際の一助になればという思いで書かれています。

　また、本書の冒頭では、私の空き家対策に従事した経験を基に作られた空き家対策のロー

ドマップが提示されており、読者がどの立ち位置にあるかを客観的に確認できる工夫がなされています。そして本書の前半の第1編では、主に建築基準法関連の規定から空き家を捉えた視点から書かれており、空き家を利活用する場合の考慮すべき事項を検証しています。これに続く後半の第2編は、近隣住民から迷惑空き家として苦情の対象となり、空家法の成立に伴い、行政がどのように対応していくことになったのか等が書かれています。

　空き家問題については、建築基準法が改正される等、法的にもかなり変動期の難しい局面を迎えつつあり、厳密に法律に沿って考えていくと八方塞にもなりかねないので、本書では思い切って自由な発想を基に敢えて仮想空間上に「バーチャル区役所」を設けて、空き家問題を見つめていくことにしました。

　そして、そこで勤務する空き家対策相談室の職員や窓口に来庁する地域の住民が、各々の立場で色んな考え方を語り合う形を通して、「みんなのそこが知りたい」と思うような事案を実際にあったエピソードも参考に交えながら書くようにしました。

　空き家問題に関する事案には空家法だけでなく、建築基準法や道路法・民法等さまざまな法律や規則等の法令が関係してきます。これらの法令には、難しい法律用語や解釈が伴いますので、空き家問題に直面する方々にも理解がしやすいように、原則、見開きページで、本文に沿って用語説明を設け、図や表・イラスト等も駆使して、できるだけ平易に書くことに努めました。

3、本書を通しての思い

　空き家問題は、近い将来においては、道路・建築・不動産といった社会の産業上の分野に留まらず、相続、財産、環境等という個人の生活の分野においても間違いなく、大きな課題として影響してきます。そして、その対処の際には、行政のみならず、各方面の専門家が共に知恵を出し合って取り組んでいかなければ、解決をすることが大変難しいと感じています。

　最後に、この本の出版を勧めて下さった空き家対策の実務に携わる方々、並びに、執筆に際して暖かい応援と激励をして下さった職場の上司や先輩・同僚の皆様、そして、拙い原稿にもかかわらず大きなお心で監修を引き受けて下さった幸田雅治先生、幾度もクラッシュした原稿データを立て直しながら編集・構成に取り組み、素晴らしい書籍に仕上げて下さった公人の友社の武内英晴社長とスタッフの皆様方に心より厚く御礼を申し上げます。本当にありがとうございました。

令和元年7月30日
松岡　政樹

目　　次

監修の言葉 3
はじめに 5
目次 7
登場人物の紹介 10
ようこそ！　バーチャル区役所の空き家対策相談室へ 14
空き家対策ロードマップ 16
確認メモの解答 20

【第1編　建築基準法関連編】

第1章　木造4号建築物のお話 21
　空き家問題の建物について 22
　建物の建築基準法上の分類 26
　知って得するコラム　その1 34
　建築確認申請が不要な場合 36
≪第1編第1章　確認メモ≫ 42
第2章　大規模修繕と大規模模様替のお話 43
　建物の接道要件 44
　建築基準法上の道路 46
　2項道路 50
　空き家が無接道敷地にあった場合 62
　大規模の修繕と大規模の模様替 64
　建築確認申請を伴わない工事をする際の注意点 67
　工事に伴うクレームのワースト10 70
　知って得するコラム　その2 72
≪第1編第2章　確認メモ≫ 74
第3章　用途変更に伴う利活用のお話 75
　空き家と用途変更 76
　シェアハウス問題 77
　建物の既存不適格と用途変更 84
　知って得するコラム　その3 86
　シェアハウスと入居契約 88
　シェアハウス規制の緩和 91
　知って得するコラム　その4 94
　知って得するコラム　その5 98
　建築基準法の改正に伴う用途変更の規制緩和 100

≪第1編第3章　確認メモ≫ 106
第4章　空き家の建替えのお話 107
　　接道要件を満たしている場合 108
　　検査済証 110
　　既存不適格 112
　　無接道敷地の場合 113
　　４３条ただし書きの改正 114
　　知って得するコラム　その6 119
≪第1編第4章　確認メモ≫ 122
第5章　その他の改正された建築基準法のお話 123
　　知って得するコラム　その7 132
≪第1編第5章　確認メモ≫ 134
第6章　空き家の相続放棄・売却・除却についてのお話 135
　　相続人不存在 136
　　相続放棄 137
　　知って得するコラム　その8 142
　　売却・除却での注意点 144
≪第1編第6章　確認メモ≫ 150
　　第1章から第6章までのお話のまとめ 151

【第2編　空家法関連編】

第1章　空き家所有者等の調査のお話 153
　　空き家の現地調査 154
　　写真撮影 154
　　登記調査 155
　　登記書類の取り方 155
　　住民票・戸籍の入手 162
　　固定資産税の調査 164
≪第2編第1章　確認メモ≫ 166
第2章　行政による空き家への是正措置のお話 167
　　空き家についての相談内容 168
　　空家法の成立趣旨 176
　　空き家の定義 182
　　知って得するコラム　その9 184
　　特定空家等 186
　　民事不介入の原則への制限 186

是正措置に対する考え方 188
　　他法令等の関係 188
　　自己負担による是正の意味 189
　　立入調査 189
　　助言又は指導 190
　　協議会の設置 190
　　勧告 194
　　命令 198
　　氏名公表制度 203
　　行政代執行 204
　　略式代執行 206
　　即時執行（安全緊急措置・応急措置） 207
　　認知症大国ニッポン 214
　≪第2編第2章　確認メモ≫ 218
　第3章　直面する様々な課題のお話 220
　　空き家所有者の実態について 221
　　所有者が認知症・精神疾患であった場合 222
　　無接道敷地（死に地）の場合 222
　　空き家と土地の所有者が異なる場合 223
　　抵当権が設定されていた場合 225
　　空き家等が物納や差押物件の場合 226
　　空き家と民事規定 227
　　物件的妨害排除請求権 229
　　正当防衛・緊急避難 230
　　事務管理 232
　　譲渡税の特別措置の創設 234
　　倒壊した空き家について 236
　　廃棄物の処理 238
　第4章　空き家に関係するその他の法律のお話 241
　　所有者不明土地の利用の円滑化等に関する特別措置法 242
　　旅館業法 246
　　住宅宿泊事業法 248
　　第1章から第4章までのお話のまとめ 252
索　引 254
おわりに 257
プロフィール 261

登場人物の紹介

【バーチャル区役所の空き家対策相談室の職員たち】

高橋 主事
法学部出身の入区3年目の
若手のホープ

矢越 主任
みんなから慕われる温厚な
お姉さんのような存在

空き家対策相談室には、今日も区民の
皆様から空き家について様々な
相談が寄せられます

山口 係長
土木建築に詳しい知識を持つ
頼れる兄貴的な存在

福島 主事
音大出身で定期コンサートでは
フルートを演奏する繊細な心の
持ち主

【空き家周辺の住民の皆さん】

小山内さん
空き家近くの住人で、空き家がそろそろヤバイ状況になってきたので心配している

栗山さん
通学路のそばに古い空き家があるので子供たちの安全を気にかけている

町田さん
空き家の所有者に土地を貸している地主だが、先日、借地人である空き家の所有者が亡くなってしまい、取り残された空き家の処分に困っている

一級建築士の黒岩さん
空き家の再建築やリフォームなどについて適切なアドバイスを提供している

三輪さん
親から相続した空き家の利活用を模索していて今流行のシェアハウスを検討している

佐野さん（故人）
生前に住んでいた家がいつの間にか管理不全な状況となって近隣から迷惑空き家と揶揄されている

ようこそ！
バーチャル区役所の空き家対策相談室へ

そのためには、先ず空き家問題に関する情報と知識をひとつひとつ確認していきましょう

【参考事項】
　本書ではバーチャルの区役所を設定して、空き家問題を一括して取り上げて検討する形を取っていますが、実際の行政では、空き家問題を専門に取り扱う部署があるのは稀です。
　つまり、建築や道路、住宅、危機管理、防災、保健衛生などの様々な部署が、空き家に関連して発生した事案について、その都度、それぞれの部署で対応しているのが実情です。
　また、空き家問題について専門に対応する職員が配置されたとしても2～3人程度で、大概は、それぞれの通常業務の傍ら、空き家問題に取り組む形が取られています。

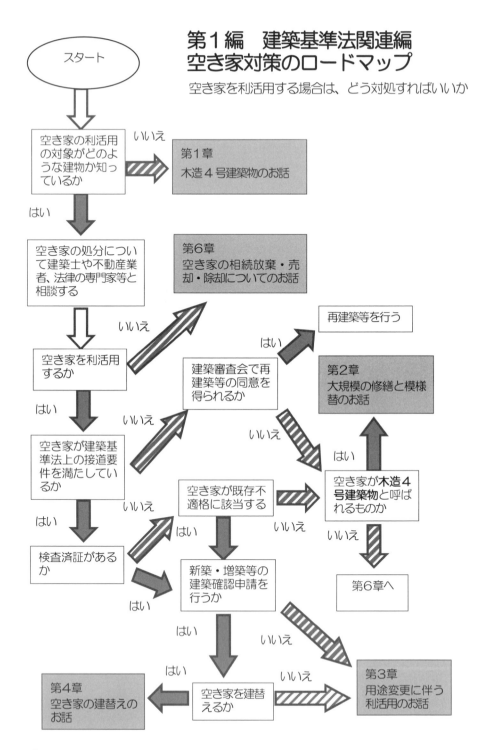

読者のみなさんの目的地はどこですか？関心のあるところを選んでお読み下さいね

第2章で大規模の修繕や模様替等をしてから第3章の用途変更に伴う利活用へ繋げて読むこともできます

左のロードマップをご覧になるとこの本の章立ての位置付けが分るようになっていますよ。つまり空き家で問題とされる事象の関係性が分りやすく整理されています

空き家で問題とされる建物が建築基準法上で**木造4号建築物**と呼ばれるものであるか否かで対応が異なってきます。その建物をどう維持管理するのか、どのように利活用するのか、どう処分するのか、その際にリフォームするのかそれともしないのかそれぞれに問題の捉え方が違ってくるんですよ

第5章
その他の改正された
建築基準法のお話

17

第2編　空家法関連編
空き家対策のロードマップ

迷惑空き家に近隣住民や行政はどう対処すればいいか

```
スタート
  ↓
①隣家が放置された空き家になった
  ↓
②自宅や生活環境等に被害が生じている
  → ③民事レベルで自己解決を図るか
       ├─はい→ ④空き家所有者等を把握しているか
       │         ├─はい→ ⑤空き家所有者等に被害の弁済を求める
       │         │         → ⑥空き家所有者等が弁済に応じる
       │         │             ├─はい→（⑮へ）
       │         │             └─いいえ→（⑮へ）
       │         └─いいえ→ ⑦法務局で空き家の登記簿を入手する
       │                     ↓
       │                     ⑧登記簿に記載された情報で空き家所有者等と連絡が取れるか
       │                       ├─はい→（⑯へ）
       │                       └─いいえ→ ⑨法律の専門家に空き家所有者の連絡先等について調査を依頼する →（⑰へ）
       └─いいえ→ ⑩行政に相談する
                   ↓
                   ⑪建築基準法や道路法等の法令で対処が可能か
                     ├─はい→ ⑫法令に基づく是正措置
                     └─いいえ→ ⑬空き家が空家法の特定空家等に該当するか
                                 ├─いいえ→（⑱へ）
                                 └─はい→ ⑭空家法等の法令や即時執行（緊急安全措置等）の条例に基づく是正措置
```

第1章 空き家所有者等の調査のお話 （⑦～⑧）	第2章 行政による空き家への是正措置のお話 （⑪～⑭）

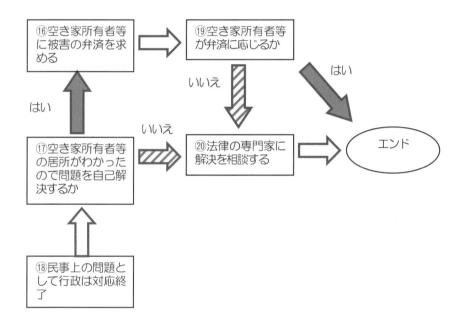

第3章	第4章
直面する様々な課題のお話	空き家に関係するその他の法律のお話

≪確認メモの解答≫

第1編　建築基準法関連編
第1章（42頁）
　①木造4号建築物、②7、③18、④14、⑤第1種・第2種低層住居専用、
　⑥大規模の修繕、⑦用途変更、⑧新築、⑨増築、⑩200

第2章（74頁）
　①建築基準法上、②接道、③死に地、④道路法の道路、⑤開発道路、⑥計画道路、
　⑦セットバック、⑧2項道路、⑨無償使用承諾、⑩私権、⑪改築

第3章（106頁）
　①シェアハウス、②寄宿舎、③9.6、④既存不適格、⑤窓先空地、⑥隣地境界、
　⑦在館者、⑧耐火、⑨維持保全

第4章（122頁）
　①確認済証、②検査済証、③大規模の修繕、④建築審査会、⑤認定制度

第5章（134頁）
　①維持保全計画、②既存不適格、③建ぺい率、④既存建築ストック、⑤200、
　⑥未来投資、⑦現し（あらわし）

第6章（150頁）
　①相続財産、②利害関係人、③相続財産管理人、④予納金、⑤資産評価、⑥道路斜線、
　⑦固定資産、⑧都市計画、⑨課税台帳主義

第2編　空家法関連編
第1章（166頁）
　①近隣住民、②公図、③登記事項証明書（登記簿）、④住民票、⑤5、⑥10、
　⑦固定資産税、⑧法令等に基づく正当な理由

第2章（218頁）
　①無接道敷地、②接道、③分筆、④2、⑤有償、⑥囲繞地、⑦道路敷地、⑧民事不介入、⑨特定空家等、⑩協議会、⑪固定資産、⑫行政代執行、⑬国税滞納、⑭不在者財産管理人、⑮相続財産管理人、⑯即時執行、⑰行政費用、⑱認知、⑲事理弁識、⑳国家賠償（国賠）

第1編
建築基準法関連編

第1章　木造4号建築物のお話

これから空き家問題の実態を見ていきましょう

高橋主事

空き家問題の建物について

高橋： 皆さん、こんにちは。空き家対策相談室の高橋です。これから山口係長と一緒に空き家問題についてお話をしていきますが、その前にそもそも論となりますが、問題とされる空き家はどういうものなのかを整理していきたいと思います。私たちの会話の中で、いろいろな難しい専門用語が出てきますが、右のページに参考となる用語説明やイラスト、表などで簡単に要点を図解してまとめていますので、目を通して頂くとお話が理解しやすいと思います。それでは、係長よろしくお願いします。

山口： 早速ですが、今、日本の空き家の数はどのくらいだと思いますか？

高橋： えーっ。分らないです。今まで正直考えたこともありません。

山口： 右のページに2014年7月29日に総務省が発表した「平成25年住宅・土地統計調査」の資料を基に作った分析結果があります。この分析によると、平成25年10月1日現在での日本の総住宅数は6,063万戸で、5年前の平成20年の5,759万戸と比較すると、304万戸の増加で増加率は5.3％となっています。また、平成10年からの15年間では総住宅数が1,000万戸以上増加していたようです。

高橋： 日本には、こんなにたくさんの住宅があるんですね。

山口： このうち、空き家についてみてみると、空き家数は820万戸となり、5年前の平成20年に比べて62.8万戸（8.3％）増加したようです。そして空き家率（総住宅数に占める割合）は、平成25年には13.5％と、平成20年に比べ0.4％上昇して空き家数、空き家率ともに過去最高となったようです。

高橋： 空き家の総住宅数に占める割合が13.5％ということは、既に7戸に1戸が空き家の状態になっているということですね。

山口： また、5年前の平成20年と比較して62.8万戸増加した空き家数820万戸の内訳をみてみると、別荘などの二次的な使用や賃貸・売却などの商業用に使われる以外のその他の住宅が318万戸となり、前回の調査と比べると50万増加していました。ここで、注意したいことは、その他の住宅の位置付けですが、転勤や入院などのために居住世帯が長期にわたって不在の住宅や建て替えなどのために取り壊すことになっている住宅を示していて、その数が318万戸に上っているということです。

【平成25年住宅・土地統計調査の資料を基に作った分析結果】

1、調査結果の概要
(1) 住宅総数（A）は、6,063万戸で304万戸（5.3％）の増加
(2) 空き家数（B）は、820万戸で62.8万戸（8.3％）の増加
(3) 空き家率（B/A）は、13.5％で0.4％上昇し、過去最高。
　→全国の住宅のうち、B/A＝13.5％により、7戸に1戸が既に空き家の状態に

2、空き家820万戸の内訳
(1) 二次的住宅（C）41万戸（C/B＝5.0％）で、0.1万戸（0.2％）の増加
　→別荘、その他
(2) 商業用住宅（D）460万戸（D/B＝56.2％）
　→賃貸用の住宅（E）429万戸（E/B＝52.4％）で、16.5万戸（4％）の増加
　→売却用の住宅（F）31万戸（F/B＝3.8％）で、4.1万戸（11.6％）の減少
(3) その他の住宅（G）318万戸（G/B＝38.8％）で、50万戸（18.7％）の増加
　→転勤・入院で長期不在や建替え等のために除却が予定。
　→住宅総数（A）に占める割合は、（G/A＝5.3％）で、19戸に1戸の割合。

3、増加した空き家62.8万戸の建て方別の内訳
(1) 一戸建の空き家49.6 万戸(79.0％)
(2) 長屋建3.9 万戸(6.2％)
(3) 共同住宅8.9 万戸(14.2％)
(4) その他0.4 万戸(0.6％)

4、増加した空き家の一戸建住宅49.6万戸の内訳
(1) 二次的住宅0.9万戸
(2) 賃貸用の住宅-1.5万戸
(3) 売却用の住宅0.8万戸
(4) その他の住宅49.4万戸
　→49.4万戸÷49.6万戸＝99.6％
　※一戸建住宅の空き家のうち転勤・入院で長期不在や建替え等のために除却が予定
　　されている割合が99.6％を占める。

高橋： ということは、その318万戸の住宅は長期不在や取り壊しの対象となっているから、下手するとそのまま管理不全な放置空き家や迷惑空き家になっていく危険性が非常に高いということですか？

山口： そういう心配がありますね。それも既に19戸に1戸の割合になっています。また、5年前の平成20年と比べて増加した空き家数の62.8万戸の建て方別をみてみると、一戸建の空き家が49.6万戸になっていて、増加した空き家数の79.0％になっているようです。

高橋： つまり、増加した空き家62.8万戸の約8割が一戸建住宅だったというわけですね。

山口： そして、増加した空き家の約8割を占める一戸建住宅49.6万戸の実に99.6％に相当する49.4万戸が、先程お話に上った管理不全な空き家になる可能性があるようです。

高橋： ちょっと待って下さい。つまり、それは、増え続ける空き家の約8割が一戸建住宅で、その増えた一戸建住宅の99％がなんらかの理由で今後管理不全な空き家になってしまう可能性が大きいということですね。

山口： 残念なことですが、今後空き家が増える度にその空き家のほとんどが管理不全な空き家になっていくという衝撃的な結果です。

高橋： 次のページのデータは何ですか。

山口： これは、先程の統計調査の最新のデータです。今年（2019年）の4月26日に発表されました。昨年（平成30年10月1日午前零時現在）行われた調査を集計したものです。

高橋： 平成25年と違う点は何ですか。

山口： 増える空き家の見方が少し違うように思えます。平成25年では、一戸建住宅に視点を当てて、長期不在や建替え等のために除却が予定されている空き家が管理不全な空き家になる恐れがあるとしていました。

高橋： そうですね。データの前半部分は、前の調査に比べてどのくらい空き家が増えたかを見る点は同じですが、後半部分は、一戸建住宅よりも、共同住宅における空き家が問題視されているように感じられますね。

【平成30年住宅・土地統計調査の資料を基に作った分析結果】

1、調査結果の概要
(1) 住宅総数(A)は、6,242万戸で179万戸(3.0％)の増加
(2) 空き家数(B)は、846万戸で26.5万戸(3.2％)の増加
(3) 空き家率(B/A)は、13.6％で0.1％上昇し、過去最高。
　→全国の住宅のうち、B/A＝13.6％により、7戸に1戸が既に空き家の状態に
(4) 空き家数の推移は、昭和63年から平成30年までの30年間にかけて452万戸(114.7％)の増加
(5) 別荘などの「二次的住宅」を除いた空き家数及び空き家率は、808万戸(12.9％)

2、空き家846万戸の内訳
(1) 二次的住宅(C) 38万戸(C／B＝4.5％)で、3万戸(7.3％)の減少
　→別荘、その他
(2) 商業用住宅(D) 460万戸(D／B＝54.3％)
　→賃貸用の住宅(E) 431万戸(E／B＝50.9％)で、1.8万戸(0.4％)の増加
　→売却用の住宅(F) 29万戸(F／B＝3.5％)で、1.4万戸(4.5％)の減少
(3) その他の住宅(G) 347万戸(G／B＝41.1％)で、29万戸(9.1％)の増加
　→転勤・入院で長期不在や建替え等のために除却が予定。
　→住宅総数(A)に占める割合は、(G／A＝5.6％)で、18戸に1戸の割合。

3、空き家の建て方別の内訳
(1) 一戸建の空き家 317万戸(37.5％)
(2) 長屋建 50万戸(5.9％)
(3) 共同住宅 475万戸(56.2％)
(4) その他 3.5万戸(0.4％)
※昭和53年から平成20年までの30年間にかけて共同住宅の空き家は、336万戸増加したが、平成25年以降は増加幅が縮小。

4、居住世帯のある住宅5366万戸の建て方別の住宅数
(1) 一戸建が2,876万戸(53.6％)で、16万戸(0.6％)の増加
(2) 長屋建が141万戸(2.6％)で、12万戸(9.2％)の増加
(3) 共同住宅が、2,334万戸(43.5％)で、126万戸(5.7％)の増加
※共同住宅の住宅数の推移は、昭和63年に1,141万戸と1,000万戸を突破した後、その後も増加を続け、平成30年までの30年間で2倍以上増加。

山口： そうですね。空き家の増え方で言うと、前の調査よりも26.5万戸（3.2%）増えて846万戸になっていますよ。

高橋： 空き家率も0.1%上昇して、13.6%となって、過去最高ですね。

山口： 管理不全な空き家になるおそれのある「その他の住宅」の住宅総数に占める割合も18戸に1戸となりました。

高橋： 空き家の建て方別の内訳をみると、共同住宅が475万戸となり、空き家の56.2%を占めるようになっています。

山口： また、昭和53年から平成20年までの30年間にかけて共同住宅の空き家は、336万戸増加したようです。

高橋： 空き家に関わらず、共同住宅に絞ってデータをみると、平成30年までの30年間で、共同住宅の住宅数が2倍以上増加しているようです。

山口： これは何を意味するかですが、今後、空き家は一戸建住宅だけの問題ではなく、共同住宅についても対策を考えていかなければならない時代に入ったということですかね。

高橋： 調査から判明した特徴的な事項に応じて、調査結果の発表の仕方も若干変わってくるわけですね。

建物の建築基準法上の分類

山口： ここで、「木造4号」って聞いたことありますか？

高橋： いきなり、専門用語ですか？ 聞いたことないです。もしかして、空き家の建物の種類とかですか？

山口： さすがですね。正解です。実は、**建築基準法**における建物の分類を表した用語です。木造とありますから、建物は木造建築物ですね。あと4号というのは、この法律の第6条第1項の規定のなかで定められた1号から4号までの建築物の分類のひとつを示しています。

知っておきたい用語の説明

建築基準法（昭和２５年５月２４日法律第201号）

昭和２５年に制定された日本の建築物等について根幹をなす法律。建築物の敷地や設備・構造・用途に関してこれだけは守って欲しいという最低限の基準を定めている。ただし、建築技術の進歩や社会状況の変化等に伴い頻繁に改正される。また、文化財保護法等で、国宝や重要文化財に指定された建築物や法令の改正によって現行の規定内容と合わない部分が生じてしまった既存不適格と呼ばれる建築物には適用されない。

特殊建築物

学校・体育館・病院・劇場・集会室・百貨店・共同住宅・飲食店・工場等の不特定多数の人が多数出入りする建築物のことで、戸建住宅や事務所等は含まれない。そのため、避難及び消火設備に関する技術的基準が定められているとともに特殊建築物の多くは耐火建築物又は準耐火建築物としなければならないと定められている。空き家問題では、個人の戸建住宅を改修して、シェアハウス等への用途に変更して利活用を始めた時、世間では新しい建物の活用のカテゴリーとして、法的な位置付けが確立しないままシェアハウスが広まっていった。しかし、利用者の安全性に疑問が出る部屋の作り等が問題視され、マスコミでは「脱法ハウス」として連日報道するようになった。そこで、国交省はこのシェアハウスが特殊建築物の一つである寄宿舎に該当するとして、その用途の基準に合致していない建物を「違法貸しルーム対策」の名の下に違反建築物として取締りをせよとの通達を出した。その結果、数多くの事業者が廃業に追い込まれていった。この通達が平成25年（2013年）9月6日に出されたことから、シェアハウス業界では、「9.6ショック」と呼んでいる。空家法は、この翌年の平成26年11月27日に成立した。

> ここでの説明は厳密なものではありません。大体ザックリとこんな感じかなという程度の内容ですから、あくまでも参考としてお読み下さいね。

矢越主任

高橋主事

高橋： 空き家とこの分類とはどういう関係にあるのですか？

山口： 今、問題となっている空き家には、①近隣住民から生活環境に悪影響を及ぼしている迷惑空き家や②今回の建築基準法の改正で注目を集めている利活用を図る空き家とがあります。ところが、その空き家が建築基準法上で木造4号と呼ばれるカテゴリーに当てはまるものかどうかで対応が異なってくるのです。

高橋： 先程の分析結果で管理不全な空き家になりそうな建物の大部分が一戸建住宅だと分りましたが、その一戸建住宅がどのような建物であるかに視点をあてて、これから考えてみようというわけですね。

山口： そのとおりです。

高橋： へぇー。では、木造4号は、具体的にはどういう状態の建物なのですか？

山口： 実は、一言で言い表すことができないのですよ。あえて言うのならば、6条規定の1号から3号のどれも当てはまらない建物を4号建築物と言っています。

高橋： じゃ、4号を知るには、1号から3号まで見ていく必要があるわけですね。

山口： そうです。では、順番に簡単に説明しますね。図解しますので、右のページの表を見てください。

高橋： 建築基準法の建築物の分類という表の条文には、法6条1項1号から法6条1項4号まで書いていますね。そうか、4番目の枠の部分が4号なのですね。

山口： そういうことです。1番目の枠は、用語説明にあるように戸建住宅や事務所以外の不特定多数の人の出入りがある**特殊建築物**です。そのため、耐震性や耐火性に厳しい基準が設けられています。また、その用途（使い道）を変える規模が100㎡を超える場合は、事前に**建築確認申請**という手続を踏んで安全性をチェックします。

山口係長

知っておきたい用語の説明

建築確認申請

　違法な建築物が造られるのを防止するために設けられた制度で、建築主が建物について新築・増築等の建築工事や大規模修繕、用途変更等を行う場合、その建築計画等が適法なものであるかどうかを予めチェックする手続き。このチェックに通った場合は、建築確認済証が交付され、そこで初めて建築工事が可能となる。この手続を踏まない工事は違反工事として工事停止命令等の措置を受けることとなる。行政のこれら違反建築の取締り業務を建築監察と呼んでいる。

都市計画法(昭和43年6月15日法律第100号)

　この法律は、第1条で都市の健全な発展と秩序ある整備を図り、国土の均衡ある発展と公共の福祉の増進に寄与することを目的としている。戦後日本の高度成長期の市街地化の進展に対応して、都市計画区域内の市街化区域と市街化調整区域の区域区分や非線引き区域、または準都市計画区域や都市計画区域外における都市化に伴う建築制限、再開発等に伴う開発行為に関する許可等について定めている。都市計画法は建築基準法と密接な関係を有していて、建物を建築する際の建ぺい率や容積率はこの都市計画法で決められている。そのため、建築基準法や都市計画法、宅地造成等規制法等をまとめて建築基準関係規定と呼んでいる。

建築基準法の建築物の分類

	用語・構造	規模	条文
(1)	特殊建築物	その用途の床面積＞100㎡ ※階数・構造問わず	法6条1項1号
(2)	木造	階数≧3、 延べ面積＞500㎡、 高さ＞13m、 又は 軒高＞9m	法6条1項2号
(3)	木造以外	階数≧2 又は 延べ面積＞200㎡	法6条1項3号
(4)	(1)～(3)以外のすべての建築物	「4号建築物」と呼ばれる	法6条1項4号

高橋： 確かに用語説明には、特殊建築物の例として学校や体育館、病院、劇場、集会室、百貨店、共同住宅、飲食店、工場等と書いてあるから、規模が大きいし、多くの人が利用する建物といえるわけですね。イメージ的には鉄筋コンクリート造みたいな大きくて頑丈な建物ですね。

山口： 次に2番目の枠の木造ですが。

高橋： あれ？　2番目と3番目の規模を見るとどっかで見たような感じです。そうだ、この2つの枠組みって大規模建築物と言われていませんか？

山口： そういえば、高橋さんは宅建の勉強をしていましたっけ？

高橋： ちょっとですが。大規模建築物であれば、原則、建築確認申請が必要とテキストに書いてありました。

山口： 2番目の2号建築物は木造でありながら3階以上のもので、それぞれの階の合計の面積、つまり、延床面積が500㎡を超える確かに大きな建築物ですね。図に書くと右のページの図1のようになりますよ。

高橋： 3番目の3号建築物ですが。

山口： これは、木造以外とありますから、鉄骨造や鉄筋コンクリート造等ですね。階数は2階以上で、延床面積が200㎡を超えるものです。図2のようになります。木造に比べて頑丈なので、特に建物の高さについては触れられていません。

高橋： 建築基準法では直接高さに触れられていなくても、**都市計画法**では、その建物が作られる地域によって、建物の高さ制限を設けている場合があるから気を付ける必要があるみたいですね。

山口： **用途地域**の話ですね。さすが勉強していますね。閑静な住宅街の場合は、**第一種低層住居専用地域**とかに指定されています。こういうところは、主に一戸建ての住宅地を想定している地域ですから、あまり高い住宅については制限する向きがあります。原則として10m又は12mのうち当該地域に関する都市計画で定められた建物の高さの限度を超えてはいけないことになっています。

高橋： 次は、いよいよ4号建築物の話ですね。

| 図1 | 【2号建築物のイメージ図】 |

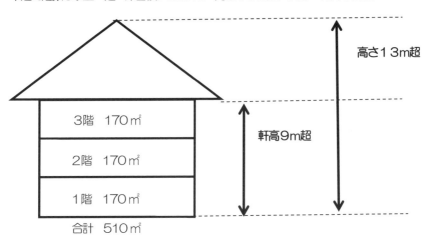

| 図2 | 【3号建築物のイメージ図】 |

山口： 1号から3号まで見てきましたが、これらに当てはまらないのが4号です。

高橋： これまでのことを勘案すると、イメージ的には、木造2階建の戸建住宅という感じですか？

山口： 簡単にいうとそのとおりです。一応、国交省の資料によると、戸建住宅や事務所等として使用される一般建築物の場合、木造は、①2階建て以下、かつ、②延べ面積が500㎡以下、かつ、③高さ13m・軒高9m以下とされ、鉄骨等の非木造は、平屋、かつ、延べ面積が200㎡以下のときが、4号建築物として扱われます。(※1)

高橋： 単純に解すると、非木造は平屋で、木造は、木造2号建築物の条件以下とした方が分りやすいですね。

【4号建築物のイメージ図】

イラスト作成：著者

(※1) 建築関係法の概要（国交省）
http://www.mlit.go.jp/common/000134703.pdf
（最終閲覧日：平成31年3月11日）

知っておきたい用語の説明

用途地域

都市計画法で定められた建築物の用途に応じて区分された地域のこと。用途地域は、大別して3つある。1つ目は、住居系で8種類、2つ目は、商業系で2種類、3つ目は、工業系で3種類。合計13種類となるが、その他の無指定地域を合わせると14種類となる。用途地域を具体的に表示すると、(1)第1種・第2種低層住居専用地域、田園住居地域、第1種・第2種中高層住居専用地域、第1種・第2種住居地域、準住居地域、(2)近隣商業地域、商業地域、(3)準工業地域、工業地域、工業専用地域(4)無指定地域となる。この用途地域は都市計画法に基づいて5年に1度、全国一斉に見直される。用途地域が指定された地域では、建築可能な建物の種類、建ぺい率、容積率、高さ制限、前面道路幅員別容積率制限、道路斜線制限、隣地斜線制限、日影規制等について制限を受ける。

第一種低層住居専用地域

都市計画法で定められた住居系の用途地域の一つ。低層住宅の良好な住居環境を保護する地域である。そのため、第1種・第2種低層住居専用地域には、建築物の高さにおいて原則として、10m又は12mのうち当該地域に関する都市計画で定められた建物の高さの限度を超えてはならないとする「絶対高さ」が設けられている。この他の建物の高さ制限については、この用途地域では隣地斜線は適用されないが、道路斜線や北側斜線、条例で指定された場合の日影規制が関係してくる。ここで、道路斜線・隣地斜線・北側斜線とは、接する道路からみた関係での、隣家との関係での、北側に建つ建物の関係での、日照や採光・通風等で良好な環境を保つために建物の高さを規制したものをいい、日影規制は建築物が隣地に落とす日影の量を規制することで建物の高さを制限するものをいう。

【用途地域と建物の高さ制限との関係】

	用途地域	絶対高さ	道路斜線	隣地斜線	北側斜線	日影規制
住居系	第1種・第2種低層住居専用地域	○	○		○	※
	田園住居地域	○	○		○	
	第1種・第2種中高層住居専用地域		○	○	△	
	第1種・第2種住居地域		○	○		
	準住居地域		○	○		
商業系	近隣商業地域		○	○		
	商業地域		○	○		
工業系	準工業地域		○	○		※
	工業地域		○	○		
	工業専用地域		○	○		
用途地域の指定がない地域			○	○		※

○：適用あり、△：日影規制がないとき適用あり、※条例で指定された場合適用あり

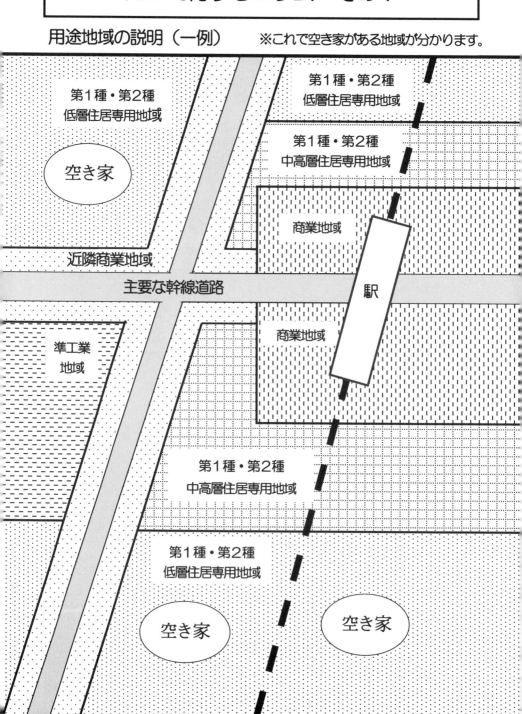

用途地域は、計画的に街づくりを行うために作られた都市計画法を根拠に定められています。用途地域は地域の事情をきめ細かく反映する必要があるために、市町村によって決定されます。用途地域の配置例としては、左の図のようになりますが、概ね、駅周辺は商業地域があり、高層の商業ビル等が立ち並び、主要な幹線道路沿いには準住居地域や近隣商業地域が定められています。また、建物の高さの制限が緩和された中高層住居専用地域には、ある程度の階数があるビルや戸建住宅が立ち並び、閑静な住宅街を保存するために木造2階建の戸建住宅をメインとする低層住居専用地域が設けられています。

　空き家問題の対象となる一戸建住宅の多くは、実はこの低層住居専用地域でみられます。

　都市計画区域内の非線引き区域で見られる用途地域が定められていない無指定地域を除いた13種類の個々の用途地域の説明は、下の表の通りとなります。

	用途地域名	地域の特色
住居系	第1種低層住居専用地域	低層住宅の良好な住環境を守るための地域で、2階建ての戸建住宅やアパートが並ぶ。また、日用品等の小規模な店舗兼住宅が点在する。
	第2種低層住居専用地域	上記の例に加え、150㎡までの一定条件の店舗等が建てられ、コンビニ等の小規模な店舗がある。
	田園住居専用地域	農地や農業関連施設等と調和した低層住宅の良好な住環境を守る地域。500㎡までの一定条件の農作物を販売する店舗等を建てることが可能。
	第1種中高層住居専用地域	3階建て以上のアパートやマンションが建ち並び、500㎡までの一定条件の店舗が建てられる。病院や大学等も建てられる。
	第2種中高層住居専用地域	1,500㎡までの一定条件の店舗や事務所が建てられる。小規模のスーパーや店舗・事務所等がある。
	第1種住居地域	3,000㎡までの一定条件の店舗や事務所・ホテル等や中規模のスーパー・店舗等がある。
	第2種住居地域	10,000㎡までの一定条件の店舗・事務所・ホテル・パチンコ屋・カラオケボックス・大きめのスーパー等やマンションが並ぶ。
	準住居地域	幹線道路沿いに自動車修理工場等や10,000㎡までの一定条件の店舗・事務所・ホテル・小規模の映画館・車庫・倉庫類が並ぶ。
商業系	近隣商業地域	近隣住民の日用品の買い物をする店舗等や業務の利便性の増進を図る地域。駅前商店街のような風景で中規模以上の商業施設が並ぶ。
	商業地域	ほとんどの商業施設が建てられ、事務所・住宅・店舗・ホテル・映画館・風俗営業関係施設等もある。都心部の繁華街のような地域。
工業系	準工業地域	住宅や店舗とともに環境悪化の恐れのない軽工業の工場が並ぶ。
	工業地域	どんな工場もOKなところだが、学校や病院・ホテル等は建てられない。但し、工場の隣に社員寮等の住宅やスーパー等の店舗は認められる。
	工業専用地域	製鉄所や臨海工業地帯・石油コンビナート等の大規模な工場が建ち並ぶ地域。住宅や店舗・学校・病院・ホテル等は不可。

建築確認申請が不要な場合

山口： 今まで建築基準法での建物の分類についてみてきましたが、実際に建築工事をする場合に必要とされる建築確認申請について、折角ですから簡単に触れてみましょうか。

高橋： はい、お願いします。よく建築確認とか確認申請とか聞きますがどういったことなのかよくわからないです。

山口： この建築確認申請の手続は、平成10年6月5日に成立した「建築基準法の一部を改正する法律」（法律第100号）によって行政以外の民間の**指定確認検査機関**でもできるようになりました。なので、現在の行政に提出される比率は、2割程度になって、約8割が民間で確認が下ろされています。

高橋： えーっ。そんなことで大丈夫なのですか。

山口： 建築基準法に基づき、建築確認や工事の完了検査等を行う民間の機関として国交大臣や都道府県知事から指定を受けたところなので大丈夫です。

高橋： 建築確認が民間に開放された感じですが、目的は何ですか。

山口： まあ、建築確認の迅速化と行政による違反建築物への対応の充実ですかね。というか、本音の部分では、津波のように押し寄せる確認申請件数を処理するのが難しくなって行政がオーバーヒートしてしまい、それを解消しようというものでした。建築確認や検査等の充実や効率化を図り、官民の役割分担を見直して、的確な執行体制を創出したいという事情があったようです。

高橋： そんなに大変な事務量になっていたのですか。

山口： 平成10年5月15日と20日の衆議院建設委員会議録^(※2)を読むと、平成8年度当時における全国ベースの年間の建築着工件数は110万件あったそうですが、**建築主事**は約1800人しかいませんでした。だから1人当たりの年間の処理件数は約600件となって死にそうだったらしいですね。建築行政の仕事は、建築確認だけでなく、**中間検査**や**完了検査**、**違反建築物**への是正措置、**耐震化助成**、**建築計画概要書**等の資料交付事務、法12条に基づく**定期報告制度**関連の業務、国や都道府県レベルからの調査・回答業務等の多岐にわたるものがあり、確認申請の処理だけやっていればいいという話ではありませんからね。

知っておきたい用語の説明

指定確認検査機関
　建築基準法に基づき、国交大臣や都道府県知事から指定された建築確認や検査を行う民間の機関のこと。指定される場合はその業務範囲と取り扱うことのできる建築物が定められるが、業務については建築主事と同等の権限を付与されている。過去には、構造計算書偽装問題に関与したとして２００６年５月３１日付で、国交大臣の指定が取り消しになったイーホームズ（株）が有名。

建築主事
　建築基準法に基づき、建築計画の確認や検査、検査済証の交付等の事務を行うために知事や市町村長から任命された者。政令で指定する人口２５万人以上の市には、その長の指揮監督の下に、確認に関する事務をつかさどらせるために建築主事を置かねばならないと第４条に規定されている（義務規定）。また前記の市を除く市町村は、その長の下に置くことができるとされている（任意規定）。なお、建築確認は民間にも開放されているが、例えば、接道要件を満たしていない無接道敷地における建築許可については、特定行政庁に申請する必要があるので注意を要する。

中間検査
　阪神・淡路大震災で施工の不備が原因と考えられる建築物の被害が多数みられたことにより、平成１０年６月の建築基準法の改正（平成１１年５月１日施行）で新たに導入された制度。この検査は、法第７条の３第１項第２号の規定を適用して実施される。建築物における新築・増築・改築の際に構造や用途・規模について該当する場合は検査の対象となる。検査の対象となる場合の建物は、階数３以上の木造建築物等や鉄骨・鉄筋コンクリート等の非木造の建築物である。検査は基礎工事に関する工程と建方工事に関する工程とに大別されるが、それぞれにいくつかのチェックポイントがあり、それをクリアしないと次の工程の工事に進めない仕組みになっている。

完了検査
　建物の建築工事が完了したとき、その建物の構造や設備・敷地等が法令に適合しているか検査を受けること。法第７条では、建築主は工事完了日から４日以内に建築主事等に検査の申請を行うものとされ、適法となれば、「検査済証」が交付される。なお、検査済証の交付がなされるまで原則として建物の利用はできないことになっている。しかし、バブル崩壊時期までは、ほとんどの建物でこの検査済証を受ける社会的な風土がなかった。そのため、バブルが崩壊したとき、金融機関が融資していた物件が不良債権化し、金融業界そのものが統廃合される事態となってしまった。それを受けて、国交省は全国の金融機関に対して２００５年（平成１５年）２月２４日付の通達（国住指第８３１０、８３１１、８３１２号）を発し、新築建物の融資については検査済証を活用するようにと要請を行った。つまり、検査済証の交付を受けていない建物にはローン等を組ませるなという通達である。そのため、新築建物については、建築主は金融機関からローンを受けるため、建築業者は工事代金を確保するため、違反工事ができないような環境が出来上がった。結果、建築業者は行政からの違反の指摘を受けることを神経質なくらい嫌って、注意深く工事をするようになった。

高橋: うわっ。それは死にますよ。そんな労働環境だったら、新たに行政に入ってくる人材なんていませんよ。

山口: また行政からの優れた人材の流出を防ぐためにも、労働環境の改善は喫緊の課題だったんですね。諸外国に比べても建築行政職員の数は少ないそうです。先ほどの資料をみると人口10万人当たり、日本では5.8人、アメリカでは25.7人、オーストラリアでは23.0人となっていて日本は桁違いに数が足りていません。

高橋: ところで、さっき見た建物の分類と確認申請との関係はどんな感じですか。

山口: 建築確認申請に必要な工事種別は大きく分けて3つあります。1つ目は、建築に係る工事です。

高橋: 建築確認なんだから建築工事は当たり前じゃないんですか。

山口: ここでいう建築工事には、4つの意味が含まれているんですよ。

高橋: どういうことですか。

山口: **建築**には、「新築・増築・改築・移転」の意味があります。そしてこの建築に係る工事を行う際には1号建築物から4号建築物のすべてにおいて申請が必要となります。

高橋: 建築にはそんな4つの工事の意味があったんですね。知りませんでした。建築については用語説明で簡単ですが、記載していますので、確認して下さいね。

山口: 次は**大規模の修繕**と**大規模な模様替**です。実は、空き家の利活用で一番関係してくるのがこの修繕と模様替です。この後お話する用途変更についても、今回の建築基準法の改正で大きく規制緩和という位置付けで関係してきます。

高橋: 確か、空き家の利活用についていえば、大規模の修繕と大規模の模様替については確認申請が不要と聞いたことがあります。

山口: そうですね。それは、4号建築物の場合、法律上、この大規模の修繕と大規模の模様替に係る工事であるときは、確認申請が不要とされているからです。

知っておきたい用語の説明

違反建築物
　建築基準法等の建築基準関係規定に適合しない建築物のことで、行政から除却等の違反是正措置を受ける対象となる。違反になるケースとしては、建築確認申請と違った建物を造ってしまった場合、建築後に敷地の一部を売却して建ぺい率違反になった場合、無許可あるいは許可と異なる増改築をしてしまった場合、許可を受けた用途と違った使い方をしている場合等がある。建築工事中に明らかに重大な違反があれば、法第10条の規定に基づき、行政は工事の即時停止命令等を発することができる。また、違反建築物は検査済証の交付が受けられないために金融機関からの融資の対象から外され、後々になって、その建物を増改築したくても、建築確認が下りなくなるため工事ができない等の不都合が生じる。また、売却する際も、資産評価が下がり買い叩かれるおそれもある。

耐震化助成
　首都直下型等の巨大地震の発生に備えて、建物の倒壊等による被害を防ぐために支出される公的な補助金の制度。巨大地震の被害予想としては、都内の建物の場合、約30万4千棟が全壊、うち、約11万6千棟が液状化等により全壊すると試算されている。死者は9,700人、うち、揺れによる建物全壊による死者は5,400人に上る。負傷者は14万7千人、うち、重傷者は2万2千人に及ぶとされる。また、避難者は約339万人と想定される。このため、倒壊等の被害が最も多く出る建物は、昭和56年（1981年）以前に建てられた、いわゆる「81耐震」と呼ばれる基準以前のものとされている。81耐震とは昭和53年に発生した宮城県沖地震で見直された耐震強化の建築基準法（昭和56年6月）のことであり、それ以前の基準で造られた建物は巨大地震には耐えられないと考えられている。人的・物的な被害を最小限に食い止めるには、先ず建物の倒壊を防ぐことであり、それに続き火災の発生も抑え込むことが重要である。

建築計画概要書
　都道府県や建築主事のいる市町村において閲覧が可能な書類で、建築物の概要や検査等の履歴が記載されているもの。住宅を購入するとき、あるいは賃借するとき、近隣周囲で建築工事が開始されたとき等にその建物が適法な手順で建てられたものかどうか、又はどういう構造であるか等について確認することは大変関心の高い事項であるため、閲覧や写しの交付ができるようになっている。主な記載内容としては、建物の所在地、建築主、施工者、敷地面積、建築面積、延べ面積、敷地における建物の配置、用途地域、道路現況線、敷地後退線、道路幅員、接道間口、建ぺい率、容積率、建物用途、構造、新築・増築・改築の種別、建築確認日、中間検査日、完了検査日、検査済証の交付日等がある。

(※2) 第142回国会衆議院建設委員会議録第12号（平成10年5月15日、20日）
　　http://kokkai.ndl.go.jp/SENTAKU/syugiin/142/0350/14205150350012.pdf　13頁
　　http://kokkai.ndl.go.jp/SENTAKU/syugiin/142/0350/14205200350013.pdf　2頁
（最終閲覧日：平成31年3月11日）

高橋：　つまり、空き家の利活用の対象となる建物が、1号から3号以外の比較的小規模な4号に該当する建物だから、その結果、大規模の修繕や大規模の模様替の工事を行う際は、確認申請が不要になるということなのですね。

山口：　そのとおりです。空き家と建築基準法での建物の扱いの関係は少し整理できましたか。

高橋：　すっきりしました。いろいろ頭の中でこんがらかってよく分かっていませんでした。

山口：　3つ目は、用途変更に関する工事です。用途変更は建物のこれまでと異なる使い方をする場合に行う工事ですね。

高橋：　今話題の一戸建住宅をシェアハウスや民泊等の宿泊施設に変えたい場合ですね。

山口：　国交省は、シェアハウスは、不特定多数の人々が一つ屋根の下で暮らす形態をとるから、特殊建築物という分類のなかで**寄宿舎**に該当すると判断しました。

高橋：　となると、一戸建住宅を寄宿舎とみたてて使用するからには、その寄宿舎という用途にあった造りにしないとだめだよということですね。

山口：　建築基準法では、床面積が100㎡（平成30年の法改正では200㎡に見直されました。ただし1年以内に施行予定）を超える規模の特殊建築物における用途変更の際には建築確認申請の手続を踏んで、事前に安全確認をするようになっています。

高橋：　一戸建住宅だと、今までは家族3～4人で住んでいたけど、それがシェアハウスみたいな使われ方になると、見知らぬ人同士が複数人で共同生活を長期間するとなるから、やっぱり、それなりに特に消防設備や災害時の避難経路の確保という視点で不安が出てきますね。

山口：　そうですね。それに一部屋、一部屋、その部屋の住人がカギをかけて暮らす感じになりますから、自由に建物の中を行き来できなくなります。いざというときは逃げ道がなくなる可能性もありますしね。

高橋：　だから、用途変更の場合は、そういった不都合がないか事前にチェックするわけですね。

知っておきたい用語の説明

定期報告制度

　デパート、ホテル、病院等、不特定多数の人が出入りする建物では、老朽化や設備の不備が原因で大きな事故や災害につながる危険性がある。そこでこれらの不測の事態を回避するため、普段から適正な維持管理を担保する目的で、建物や設備を定期的に調査・検査をして行政に報告させる制度が設けられている。報告対象となる建物は、①特定建築物と呼ばれるもので3年毎に報告し、②防火扉や防火シャッター、③建築設備、④エレベーターやエスカレーターは毎年報告が求められている。（1）劇場・映画館・旅館・ホテル・地下街等は毎年報告を要し、（2）保育所・病院・学校・体育館・博物館・図書館・共同住宅・百貨店・展示場・公衆浴場・料理店等はグループ分けされ、そのグループ別に3年毎に報告されることになっている。

建築

　建築とは、建物を造る過程や技術を指す言葉である。Architectureという訳語が明治初期には「造家」とされていたが、明治神宮や築地本願寺等を手掛けた伊藤忠太が、明治27年の論文において、Architectureという語は、工学ではなく、総合芸術としての属性を表す語として「建築」という訳語がふさわしいと主張し、造家学会も建築学会に改称された。現在の建築基準法では、第2条13号の規定で「建築物を新築し、増築し、改築し、又は移転することをいう」と定義されている。

大規模の修繕・大規模の模様替

　建築基準法第2条第14号及び15号に規定された工事内容で、建築物の柱・壁等の主要構造部の一種以上について行う過半の修繕・模様替と定義されている。詳細は第2章で述べる。

建築物の分類と建築確認申請との関係

適用区域	建物の分類	工事種別		
		建築 新築・増築 改築・移転	大規模の 修繕・模様替	用途変更 200㎡を 超える
全　国	1号建築物	申請必要	申請必要	申請必要
	2号建築物	申請必要	申請必要	**申請不要**
	3号建築物	申請必要	申請必要	**申請不要**
都市計画区域 準都市計画区域 知事指定区域	4号建築物	申請必要	**申請不要**	**申請不要**

※防火・準防火地域内での10㎡以内の増築等や適用区域等の説明は、ここでは省略します。

≪第1編第1章　確認メモ≫

※下記の（　）の空欄を埋めてみましょう。

（1）空き家問題で注目されている戸建住宅が、建築基準法上で、（　①　）と呼ばれる建築物であるか否かで対応が異なってくる。

（2）平成30年の国の調査で、全国の住宅で既に（　②　）戸に1戸の割合で空き家になっている。また、そのうち、（　③　）戸に1戸の割合で管理不全な状態で放置される恐れがある。

（3）都市計画法で定められた用途地域は全部で（　④　）地域あり、その中で、戸建住宅の空き家が多い地域は、（　⑤　）地域と呼ばれるところである。

（4）（　⑤　）地域では、建物の高さが原則10m又は12mのうち当該地域に関する都市計画で定められた建物の高さの限度を超えてはならないとする「絶対高さ」が設けられている。

（5）建築確認申請に必要な工事種別は大きく分けて3つある。1つ目は、建築工事、2つ目は、（　⑥　）と大規模の模様替の工事、3つ目は、（　⑦　）に関する工事である。

（6）建築工事には、4つの意味があり、（　⑧　）・（　⑨　）・改築・移転がある。

（7）平成30年の建築基準法の改正で、（　⑦　）に関する工事で建築確認申請が必要とされる床面積の規模が、100㎡から（　⑩　）㎡に見直されたため、空き家の利活用が進むことにより、管理不全な空き家の数の減少が期待されている。

確認メモの解答は、P.20です。

第1編
建築基準法関連編

建物の接道要件

三輪さん

三輪： 困りましたわ。親から一戸建住宅を相続しましたけども、今後どう扱ってよいものかと悩んでいます。

黒岩： 相続された家は、木造2階建ですね。規模は200㎡以下のようですね。

三輪： はい、どこにでもあるような一軒家です。

黒岩： このような建物は、建築基準法上、木造4号と言われるやつです。

三輪： 私自身、別のところに家を構えていまして、家族と一緒に暮らしていますが、この家は親が生前住んでいたところでして。

黒岩： 拝見させて頂いたところ、建物の敷地の前面道路は4m以上の公道で、敷地についても2m以上接しているようですから、接道要件は満たしていますね。

三輪： 法律上、何か不都合でもございますか。

黒岩： いえいえ。こちらの物件はパーフェクトで、何も問題はありません。今、空き家問題で困っている建物は、先ほど口に出た接道要件を満たしていない敷地に建っている空き家なんですよ。

三輪： 接道要件ってなんですか。

黒岩： 建築基準法の43条に「建築物の敷地は、道路に2メートル以上接しなければならない。ただし、その敷地の周囲に広い空地を有する建築物その他の国土交通省令で定める基準に適合する建築物で、**特定行政庁**が交通上、安全上、防火上及び衛生上支障がないと認めて建築審査会の同意を得て許可したものについては、この限りでない。」と規定されていることです。

黒岩さん

知っておきたい用語の説明

寄宿舎

建築基準法や消防法施行令、固定資産評価基準等において、建築物の種類として、共同住宅や下宿等と並列して示される建物のこと。どの法律においても明確な定義付けがなされていないが、社会通念的な解釈として、「玄関・厨房・便所等は原則的に共用で、寝室だけが各入居者用に用意されている形式の建物」とされている。そのため、老人ホームやグループホームは寄宿舎扱いとなる。空き家問題としては、一戸建住宅が改修工事され、複数の人が共同で暮らす形のシェアハウスが法律上どのカテゴリーに該当するか不明なまま拡がりを見せた。居室面積や採光及び消防の見地から安全性に疑問があったため、「脱法ハウス」とマスコミに報道され、社会問題化した。入居者の多くは保証人を立てられない貧困者で、貧困ビジネスの象徴とされた。

特定行政庁

建築主事を置く地方公共団体、及びその長のこと。ここでは、建築確認申請や違反建築物に対する是正命令等の建築行政全般を担っている。

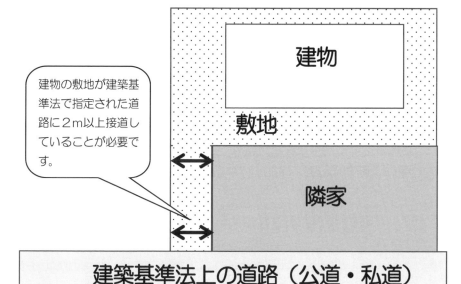

三輪： ということは、建物の敷地が道路に2メートル以上接していることが家を建てるための条件ということですか。

黒岩： それがただの道路ではなく、建築基準法上の道路として指定を受けた道路に接していることが前提となっているのです。

三輪： 区道とか都道とか、公道と呼ばれる道路であればいいということですよね。

黒岩： いえいえ、公道が即、建築基準法上の道路になっているということではないので、注意が必要です。

三輪： 公道でもだめな場合があるのですか。

黒岩： そうなんです。これは、ちょっとややこしい話ですから、ここでしっかり説明しないとこの先に進めないので。

三輪： では、ご説明をお願いします。

黒岩： 承知しました。

建築基準法上の道路

黒岩： 建築基準法上の道路について簡単にまとめると右のページの表のようになります。昭和25年に現在の建築基準法が制定されました。その際、建物が建てられる道路は原則4m以上の道路とされました。このことは、42条1項に規定されています。また、この4m以上の道路についても1号から5号まで5つの種類が定められました。先ほど三輪さんが言われた公道と呼ばれる道路は、道路法という法律で認定を受けた道路のことです。建築基準法上の道路とされる場合には、この道路法の道路の幅員が4m以上あるものになります。そして、この幅員4m以上ある道路法の道路は42条1項の規定の中では1号に該当しています。

三輪： 公道でも42条1項の1号規定に該当しないと家は作れないということですか。

黒岩： 原則論からすると、そういうことになります。でも、実際は、この後にお話しする例外もありますが。

建築基準法上の道路の説明

		42条1項の道路	内容
原則	幅員4m以上	1号 道路法の道路（公道）	道路法で認定された道路（国道・都道・区道・市道・町道・村道等）
		2号 開発道路	都市計画法や土地区画整理法、都市再開発法等で造られた道路
		3号 既存道路	基準時以前から既に幅員4m以上あった道路
		4号 計画道路	道路法、都市計画法、土地区画整理法等で2年以内に道路を造る事業が予定され、かつ、特定行政庁が指定したもの
		5号 位置指定道路	民間事業者等が建物を建てるために申請して、特定行政庁から位置の指定を受けて築造された道路
例外（救済規定）	幅員4m未満	42条2項の道路（公道・私道）	基準時以前から存在していた幅員1.8m以上4m未満で、建築基準法が施行された時点で既に家が立ち並んでいた道路で特定行政庁が指定した道路
建築基準法上の道路ではないもの（法外道路といわれる）			上記の法律で規定されていない道路のため法律から外れた道路という意味で、法外道路と呼ばれる。実際は道路というよりは通路みたいなものなので、家を建てる際にふさわしい道路といえない。この道路に接道していても家の再建築や新築・増改築はできない。

（1）　基準時とは、建築基準法の第3章の規定が適用されるに至った時で、東京23区の場合は、昭和25年11月23日が基準時になります。ちなみに、同日には建築基準法の前身にあたる市街地建築物法が廃止されました。

（2）　ここでは、話の流れを簡略化するために、42条3項道路（土地の状況により2項道路のように拡幅が困難な場合、道路の中心線から1.35m以上2m未満の範囲で指定する道路）や43条2項道路（認定・許可）の話は省略します。

三輪： 2号から5号は道路法の道路ではないから公道ではないということですか。

黒岩： そうですね。狭義の意味においての公道は、<u>道路法で「一般交通の用に供する道」と定義している道路</u>とされています。(※3)

三輪： 2号から5号の道路はどういうものですか。

黒岩： 先ず、位置指定道路がポピュラーなので、ここからお話しましょうか。

三輪： そうですね。5号の位置指定道路はよく聞きますね。

黒岩： 位置指定道路は、家を建てるときに43条の接道要件を満たす目的で、民間が申請を行い、特定行政庁から位置の指定を受けて築造された道路のことです。右の図のような感じになります。ある程度の規模の敷地に複数の建物を建てるときに作る道路ですね。この位置指定道路は、実は2号の開発道路と似たような性格があります。つまり、どちらも宅地開発された分譲住宅を造る際に見受けられる道路なのです。

三輪： 分譲住宅ですか。

黒岩： 同じ分譲住宅地を造るといっても、その規模で法律上の扱い方が異なるのです。首都圏等の市街地であれば、500㎡以上の大規模な開発の場合は、2号の開発道路になるし、開発許可を要しない小規模の場合は、5号の位置指定道路となるわけです。次に3号は既存道路といいます。

三輪： 既存という名前がついているのには何か理由があるのですか。

黒岩： 建築基準法の第3章の規定が適用されるに至った時以前から既に幅員4m以上あった昔からの道路とされているものです。そのため、昔から幅員4m以上の要件を満たした道路という意味で既存と呼ばれています。

三輪： 残りの4号はどういうものですか。

黒岩： 4号は都市計画法等の法律で、2年以内に道路を造る事業が予定されている計画道路です。例えば、主要な幹線道路が拡幅のために道路用地として行政によって買収された敷地等が該当します。2年を超えて道路工事が始まらなかったとしても、あくまでも予定なので指定が取り消しになるまでは計画道路として扱われます。

位置指定道路の説明

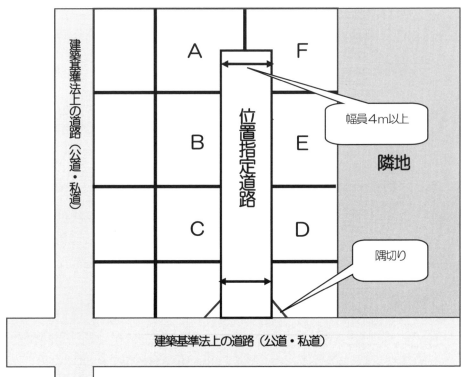

建築基準法上の道路に接道していない敷地（A〜F）でも、位置指定道路を造ることで、接道要件を満たして、家を建てることが可能となる。

≪位置指定道路についての規定≫

建築基準法42条1項5号
　「土地を建築物の敷地として利用するため、道路法、都市計画法、土地区画整理法、都市再開発法、新都市基盤整備法、大都市地域における住宅及び住宅地の供給の促進に関する特別措置法又は密集市街地整備法によらないで築造する政令で定める基準に適合する道で、これを築造しようとする者が特定行政庁からその位置の指定を受けたもの」

※上記の規定から、道路法や都市計画法等の法律によらないで築造する場合の道路が、位置指定道路となることが分ります。つまり、開発道路にならない場合が位置指定道路になるわけです。

(※3) 浅井建爾、『日本の道路がわかる事典』初版（2015年10月10日、日本実業出版社、P.29）

三輪： 42条1項の1号から5号までの道路のお話を一通りお伺いしましたね。

黒岩： そうですね。ここで補足というか、ちなみのお話ですが、2号の開発道路の場合は、都市計画法40条の規定によって、帰属という手続きで市町村に登記上所有権移転がなされる場合があります。そして、道路の所有権が市町村に移り、道路法の認定を受けて、道路法の道路となった場合は、建築基準法上の42条1項1号の道路となります。この他、開発行為を行う場合は、都市計画法32条の規定に基づいて、開発事業者は、事前に市町村と道路に関する協議を行う必要があります（32条協議）。

三輪： 開発の規模によって開発許可を受ける場合が2号の開発道路で、そうでない小規模の場合が5号の位置指定道路になるとか、2号の開発道路が市町村に帰属されて1号の道路法の道路になる場合があるとか、本当に面白い話ですね。

黒岩： 家を造る場合は、こういった建築基準法上の道路に敷地が接道している要件を満たす必要があるわけです。

三輪： 公道に敷地が接しているから家が建てられると思ったらだめで、その敷地が、建築基準法上の道路に接しているかどうかで判断するべきということですね。

2項道路

黒岩： 先ほど、公道でも42条1項1号に該当していない場合は、原則、家を建てることができないと言いましたが、その例外についてもちょっと触れておきましょう。

三輪： お願いします。42条1項1号が4m以上の道路だから、その例外というと、もしかしたら、道路の幅員が4mない場合でしょうか。

黒岩： いやー、凄いですね。そのとおりなんですよ。家が立ち並んでいる道路がすべて4m以上の幅員があるわけじゃないですからね。42条1項には1号から5号までの5つの種類の道路がありましたが、その例外として規定されているのが、42条2項の道路です。国交省の「建築基準法道路関係規定運用指針の解説」（平成19年7月）の42頁には、昭和58年8月25日の東京地裁判決で、42条1項の要件を満たさない場合の道路について「法の立法者は、かかる不都合を解消するため、法第42条第2項において、同項の要件を満たし、特定行政庁が指定するものにつき、同条第1項の道路とみなす旨の特例措置を設けたものであると解される。」という判例をあげながら、この規定は敷地の接道義務に関する救済規定であると書かれています。[※4]

４号の計画道路の例の説明

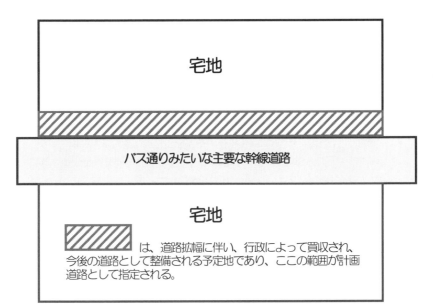

２号の開発道路の例の説明

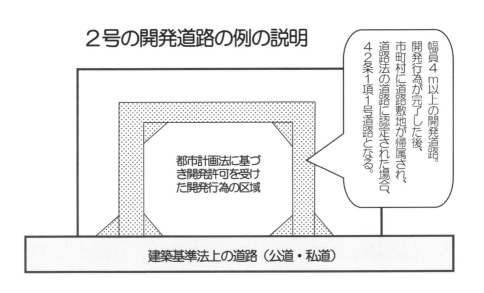

三輪： 救済規定ですか。

黒岩： そうです。原則4m以上の幅員がないと建築基準法が制定された昭和25年当時、建築基準法上の道路として指定を受けられなかったわけです。そうすると、4mに満たない狭隘な道路は、建築基準法上の道路に指定されないから、家の建て直しができないことになりますね。

三輪： それは困りますわ。

黒岩： だから、そういった不都合を救済する目的で、2項道路の存在意義があるとされています。昭和25年当時に現に建築物が立ち並んでいる幅員4m未満の道で、特定行政庁が指定したものは、42条1項の規定にかかわらず、同項（42条1項）の道路とみなし、その中心線から水平距離2mの線をその道路の境界線とみなすとしました。ただし、当該道路がその中心線からの水平距離2m未満で崖地、川、線路敷地その他これらに類するものに沿う場合においては、当該崖地等の道の側の境界線及びその境界線から道の側に水平距離4mの線をその道路の境界線とみなすとあります。そのため、この2項で規定された道路を一般に2項道路とか、みなし道路とか言われます。

三輪： なんか、お話を聞いても、ちんぷんかんぷんで意味がよく分かりません。

黒岩： そうですよね。イメージが湧くように右のページに図を書いて説明するとこうなります。

三輪： こう書かれると、ちょっとわかる感じがします。

黒岩： つまり、2項道路は、建築基準法上の道路として原則4m以上ないと、家は建てられないという大原則を掲げられたことへの例外規定として存在意義がありますので、実際に4mに満たない道路に接する敷地については、宅地の一部を道路とみなして、そこを道路以外の使い方はしてはいけませんというルールとしたわけです。

三輪： そうすると、道路とみなされた宅地の ▨▨▨ の部分はどうすればいいのですか。

(※4) 建築基準法道路関係規定運用指針の解説（国交省）
http://www.mlit.go.jp/jutakukentiku/build/kensetu.files/18kaisei/dourokitei.pdf
（最終閲覧日：平成31年3月10日）

2項道路（みなし道路）の説明

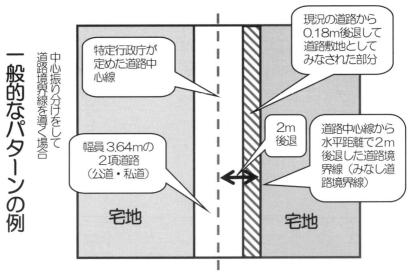

////// は、宅地部分であるが、42条2項の規定によって、道路とみなされる場所。よって、44条の道路突出違反規定により、この部分は道路以外の使用は禁じられる。

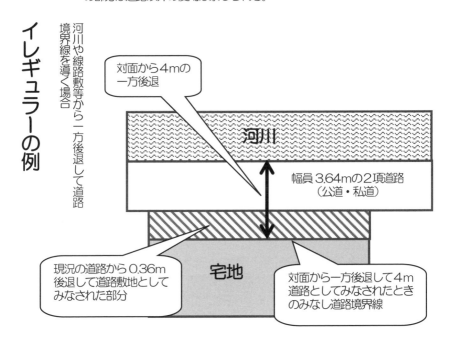

黒岩： 自治体によって対応が異なりますが、条例によって、公費で道路状に整備してくれるところもあります。場合によっては、▨▨▨ の部分を宅地から分筆（土地を分割）して、自治体に寄付して完全に道路敷地にしてもらうケースもあります。ただ、抵当権が外せない等の理由で分筆や寄付ができなくても、自治体と**無償使用承諾**の取り交わしをした場合は、▨▨▨ の部分の敷地を道路として自治体に表面管理を任せるという方法もあります。こうすることで、道路部分となった面積分の固定資産税を免除（非課税措置）してもらうこともできます。

三輪： ▨▨▨ の部分が道路敷地としてみなされるということは、わかりましたが、そこは宅地であることには変わりないので自由に使ったりはできないのですか。

黒岩： 残念ながら、それはできません。寄付とかしなければ、登記簿上の所有権は自身に残るわけですから、いくら宅地の一部を道路とみなされても、自分の勝手の良いように使いたいというお気持ちも理解できます。でも、建築基準法44条には、道路突出違反として取締りの対象となってしまいます。法文には、「建築物又は敷地を造成するための擁壁は、道路内に、又は道路に突き出して建築し、又は築造してはならない。」とあります。

三輪： やはり、道路以外の使い道しか残されていないんですね。

黒岩： 家を除却して、全く新しく家を建て直す場合は、特に以前あった門やブロック塀等は完全に取り壊して、道路境界線としてみなされたところまで後退して、新しく造り直す必要があります。

三輪： 家だけ道路境界線に沿って造ればいいと思いましたが、違うんですね。

黒岩： 行政の担当者からよく聞く話ですが、そう思って、以前の門や塀を残した状態で家だけ新しく造り直すケースがあって困るということでした。建築基準法の2条の規定には、建築物の考えが示されています。

三輪： 建築物とは何かと定義されているのですね。

黒岩： そうです。「土地に定着する工作物のうち、屋根及び柱若しくは壁を有するもの、これに付属する門若しくは塀」とありますので、建築物に付属する門や塀自身も建築物として扱われます。なので、みなし道路上に残っていたら、44条の違反となって取

知っておきたい用語の説明

無償使用承諾

　公道の道路を構成する敷地に編入された民間人等が所有する敷地を行政が管理できる法的根拠のひとつ。古くは大正８年に制定された旧道路法時代まで遡るが、道路法によって公道と認定された場合は、寄付や帰属等の所有権移転の手続をしなくても、民間人の所有権を制限して道路敷地として管理できる権限が道路法の「私権の制限」という規定によって担保されている。旧道路法では第６条、昭和２７年に制定された現在の道路法では第４条がその規定にあたる。しかし、実際は、昭和の戦前頃まで、もともと私道の所有者が相続関係の都合で維持管理が難しくなって、行政に私道敷地を受け取って貰いたいと申し出たが、相続関係者間の調整がうまくいかなかったり、敷地の所有権境の確定作業が隣地所有者から合意を得られず決まらなかったり、金融機関から抵当権を外すことが出来ずに寄付等の所有権移転が困難となった場合にこの無償使用承諾の申請を提出し、その後、道路法の認定作業に入り、議会の承認を経て公道として告示され、今日まで行政が維持管理を継続してきたというケースが多くみられる。現在も公道の２項道路沿いの敷地で再建築された場合、みなし境界線まで宅地の一部が道路敷地とみなされるため、道路状に整備された後は、先の同じ理由が原因で無償使用承諾の取り交わしをして、行政が管理権を取得し、以後、公道を構成する道路敷地として維持管理を行っていくパターンとなっている。無償使用承諾の法的概念は、この道路敷地に関しての独特のものであり、民法の規定では、無償使用貸借がこれに近い考え方といえる。無償使用貸借は、当事者の一方である借主が、無償で使用及び収益をした後で返還することを約して貸主からある物を受け取ることを内容とする契約である（民593条）。そしてこの契約は物を受け取ることを前提にしているので、当事者間の意思の合意だけで成立する諾成契約ではなく、要物契約となる。一般にこの契約は返還期限が定められている場合は、その期限の到来で終了し、使用目的が定まっていない場合は、貸主はいつでも契約を解約して返還を請求できる（民597条３項）。また、期限が定まっていない場合でも使用目的が終了したときは返還請求ができるとしている（597条２項但書）。しかし、この無償使用承諾の場合は、借主に当たる当事者が自治体であり、民法規定上の人間の借主の死亡によって、契約が終了（民599条）することはなく、使用目的についても、当該道路敷地が公道を構成するものである以上、公道が廃道となるまでは使用目的が終わることはない。よって、無償使用貸借のような感じで、当事者片方（貸主）の意向ですぐに無償使用承諾を解約して道路敷地の返還を求めることはできない。事実上、永遠に無償で行政に提供し続けることとなる。しかしその一方で、道路敷地についての固定資産税は非課税扱いとなる。これに関して、無償使用承諾された道路敷地について、現在の所有者が行政にその敷地の買取を求め、又は月々の有償賃借契約に変更したい旨の裁判を起こす事例があったが、裁判所は権利の乱用としてその訴えを退けている。

三輪： ああ、そういうことなんですね。でも、建築物に付属しない門や塀もありますよね。その場合はどうなるのですか。

黒岩： いい質問です。建築物に付属しない門や塀を考えると、月締め駐車場等の周囲を取り囲んでいるブロック塀等が該当しますが、もしこの駐車場が2項道路に接していて、老朽化のためにこの塀をつくり直すことになっても、元の位置でいいということになります。道路中心線からみなし境界線まで後退する必要はありません。なぜなら、これらの塀は建築物ではなく、本来の工作物となるからです。工作物は建築基準法の対象ではありませんから。厳密に言うと2条規定に書かれたものは工作物であっても規制の対象となりますので、一応念のため。

三輪： 2項道路に接する敷地で家を建て直す際は、門や塀も含めて道路中心線から2m後退した道路境界線に沿った形で、図面を引くことが重要だとよく分かりました。

黒岩： ここで、道路中心線からみなし道路境界線まで2m後退して、宅地の一部を道路敷地とみなすことを「セットバック」と呼んでいますので、今後はこう呼びますね。

三輪： はい、分りました。セットバックですね。

黒岩： あと、2項道路のセットバック部分と隅切り部分について重要なお話があるので説明させて下さい。

三輪： なんか難しそうな予感がしますが。

黒岩： おっしゃるとおりです。実は裁判沙汰になっているケースをご紹介します。2項道路のセットバック部分についてですが、この2項道路が公道であれば特に問題は発生しませんが、2項道路が私道であった場合は深刻です。

三輪： それはどうしてですか。確か、2項道路のセットバック部分は42条の規定で道路とみなされているから道路以外の使い道をすると44条の道路突出違反として取締りを受けるとあるから問題はなさそうですが。

黒岩： それは、セットバック部分に建築物を築造した場合のお話でしたよね。

工作物と建築物の関係

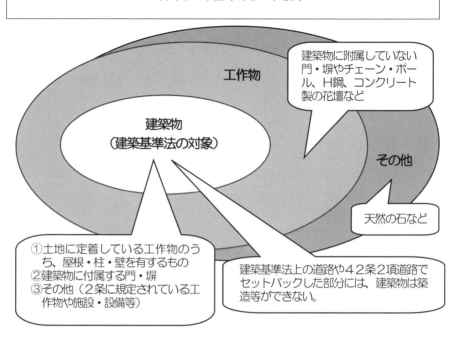

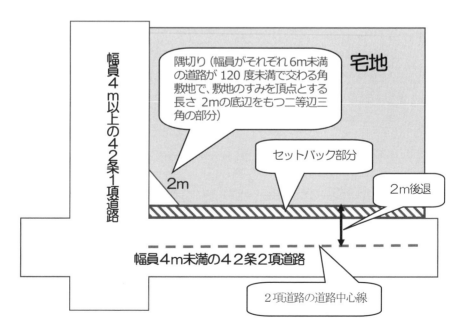

三輪：　えっ。それ以外に問題になることってあるんですか。

黒岩：　建築物は、工作物のなかで、土地に定着しているもので、屋根や柱・壁を有するものでしたね。しかし、それ以外は工作物ですので、この工作物は建築基準法の規制の対象とならないのです。

三輪：　とすると、セットバック部分に建築物ではなく、工作物がある場合が問題となるのですね。

黒岩：　大正解です。これがもとで裁判沙汰になっています。都会の密集した住宅街ですと、車の交通量も大変多く、道が狭い２項道路の場合は、住宅の壁や塀などが知らないうちに特に小型のトラックなどの車両にかすられたりして傷つけられてしまう問題が多数発生しています。そのため、住宅の住人たちは自己防衛に入ります。

三輪：　その自己防衛がセットバックとどんな関係にあるのですか。

黒岩：　セットバック部分は、４２条によって道路とみなされても宅地の一部ですよね。ただし、公道の場合は、セットバック部分を敷地から分筆して自治体に寄付をする方法と、敷地上の抵当権を外すことが出来ないなどの理由から所有権移転を断念して、その代わり自治体と無償使用承諾を取り交わす方法とがありましたね。

三輪：　それは分ります。

黒岩：　そうすると、これからは建築基準法ではなく、昭和２７年に制定された**道路法**という法律のお話になりますが、セットバック部分は道路法の適用範囲となり（区域変更）、公道の道路敷地として組み込まれて、自治体がその管理者となります。

三輪：　所有権移転していないのに、どうして管理できるようになるのですか。

黒岩：　それは道路法の４条に「道路を構成する敷地、支壁その他の物件については、私権を行使することができない。但し、所有権を移転し、又は抵当権を設定し、若しくは移転することを妨げない。」という「**私権の制限**」に関する規定があるからです。大正８年に制定された旧道路法にも第６条に同様の規定がありました。

知っておきたい用語の説明

道路法（昭和27年6月10日法律第180号）

公道を管理する上で根拠となる法律。この法律の第1条では、「道路網の整備を図るため、道路に関して、路線の指定及び認定、管理、構造、保全、費用の負担区分等に関する事項を定め、もつて交通の発達に寄与し、公共の福祉を増進すること」が目的となっている。この法律の対象となる道路は、高速自動車国道、一般国道、都道府県道および市町村道の4種類（第3条）。この道路法の適用を受けた道路が公道であり、国道、都道、県道、区道、市道、町道、村道等の名称が付いている。高速自動車国道、一般国道は国が、都道府県道は都道府県が、区市町村道は区市町村がそれぞれ公物として管理している。一般の人が自由に往来できるためには、内閣や地方議会の路線の指定・認定・道路区域の決定等が行われ、道路として整備され、公共の交通の用に供するための告示（供用開始）等の手続が行われる必要がある。なお、この公道の幅員4m以上のもので建築基準法上の道路として指定を受けた場合は、42条1項1号の道路法の道路となる。

私権の制限

道路法第4条の規定。公道を構成する道路敷地の所有権をその道路管理者が持っていなくても、管理できる法的根拠となっている。ただし、昭和44年11月4日の最高裁判決で、「正規の手続を経て当初適法に供用開始行為がなされた以上、当該道路敷地については公物たる道路の構成部分として道路法第4条の制限が加えられることとなるが、この制限は、当該道路敷地が公の用に供された結果発生するものであって、道路敷地使用の**権原**に基づくものではない」としている。つまり、一般に公の道路として供用しているからこそ、プライベートな権利としての所有権等の私権の行使を制限して、自治体等が道路管理者として管理権を法律によって付与されていることになる。

権原（けんばら）

法律行為を正当化するための法的な根拠や原因のこと。道路法で民間人等が所有する道路敷地を公道として管理する場合は、所有権移転を伴う寄付や無償使用承諾等が権原となるのが一般的。本来は、「けんげん」と呼ぶべきところだが、「権限」と区別するために、「けんばら」と呼ばれることが多い。

三輪： 公法である道路法で規定される「私権の制限」によって、私法（プライベートな権利関係を調整する法律）で保証されている所有権の行使を制限しているわけですね。

黒岩： そうですね。ですから、公道のセットバック部分は道路法の適用を受けて、一般に道路法の適用範囲を区域といいますが、既存の範囲からセットバック部分まで広げられるという区域変更がなされて、それによって道路管理者たる自治体が管理できるようになります。そうすると、道路法の区域に入ったセットバック部分は、道路法によって交通の支障となる障害物等を排除できる権限が生じるわけです。

三輪： なるほど、だから公道の２項道路のセットバック部分は問題がないというわけですね。

黒岩： ところが、私道の２項道路の場合は、公道ではないので、道路法の適用を受けません。セットバック部分も宅地の一部が道路敷地とみなされただけですし、扱いとしては全くの私有地のままで残っています。

三輪： となると、先ほどの自己防衛に建築基準法の規制がかからない工作物を置いたりするわけですね。

黒岩： そういうことになります。だから裁判沙汰になるのです。

三輪： ２項道路がせっかくセットバックして道が広がったと思ったのに、そのセットバック部分に工作物があったら意味がなくなりますものね。

黒岩： その道を通る側からしたら、例えばチェーン・ポールみたいな工作物があったら車が通りにくいと文句がでます。でも家の住人は自分の家を守りたいので車から被害を受けないための自己防衛策を立てようとします。特に、東京都の場合は、東京都建築安全条例で、道路の角地では出会いがしらの事故を未然に防ぐために、死角をなくすよう角地に隅切りを作ることを義務付けしています。そして、その隅切りには工作物も築造してはならないと規制されています。しかしその対抗策として条例違反とならないように、築造に該当しない形で、隅切り部分に小さなH鋼を地面の穴に差し込んだり、工作物にも当たらない天然の石を置いたりとする事例も見受けられます。

三輪： そんなことされたら、車に傷ついて困ります。

黒岩： でも、そこの敷地は、そこの家の所有権が100％及ぶ私有地ですし、本来はそこ

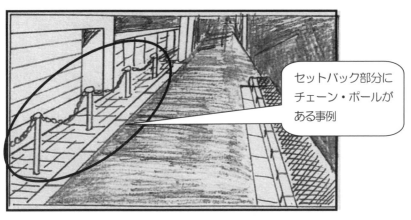

イラスト作成：著者

の敷地を通る場合は事前に通行の許可が必要ですよね。許可が得られない場合は、原則、通れないから、その障害物を避ける感じでその道を行くしかありません。

三輪： でも、建築基準法は原則4m以上の道路としているのだから、再建築を許された私道の2項道路沿いの家のセットバック部分も一般に通行権が認められているんじゃないですか。

黒岩： ところが、建築基準法上の道路はあくまでも、その指定を受けた道路であれば建築が可能としているだけで、民事上の通行権までも保障しているわけではないとしています。また、最高裁判決（平成12年1月27日、第一小法廷）では、私道を車で通行することが認められるためには、その通行する者がその私道を通行するにあたって日常生活上不可欠の利益を有する等の要件を満たす必要があるとされています。(※5)

三輪： つまり、私道の2項道路のセットバック部分にチェーン・ポールやコンクリート製の花壇が設置されたり、道路の角地の隅切り部分にH鋼が差し込まれたり、天然の石が置かれても文句は言えないということですね。

黒岩： 現在の法律では、そういうことになりますね。私道の2項道路のセットバックについては、建築基準法の規定で道路とみなされたとしても、そこの敷地は私有地であり、公道のように道路法で交通の障害を排除する規定が適用されない限り、私道の2項道路における民事上の通行権に関してはこういうトラブルも発生するということを知っておいた方がいいですね。

空き家が無接道敷地にあった場合

黒岩： 三輪さんの空き家の場合は、接道要件を満たした敷地なので、建築確認申請をして、増築・改築をして空き家の利活用もできますし、一層のこと除却をして、更地から新しく家を新築することも可能です。

三輪： もし、この要件を満たしていなかった場合は、どうなるのですか。

黒岩： いわゆる、無接道敷地に空き家があることになってしまいます。

三輪： なんかよくないことがありそうな気がしますが。

(※5) 最高裁判決（平成8(オ)1248、車止め撤去請求事件）
http://www.courts.go.jp/app/hanrei_jp/detail2?id=62790
（最終閲覧日：平成31年3月10日）

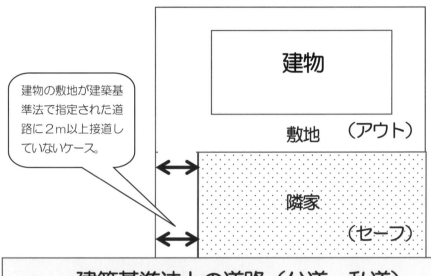

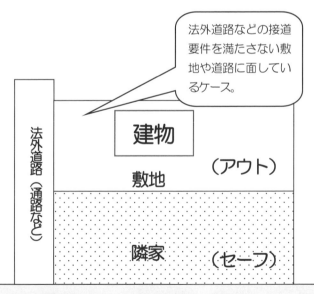

黒岩： そうです。一般に「死に地」と言われたりします。これは、建築基準法上の道路の接道要件を満たしていないため、当然、新築・増築・改築・移転といった建築行為ができないため、不動産の売買等の取引においても消極的になり、資産評価も下がってしまうからです。

三輪： 空き家がこの無接道敷地にあった場合は、再建築や増改築とか出来ないとなると、空き家の処分や利活用に支障が出ますね。

黒岩： 全くおっしゃるとおりです。

三輪： 何かいい方法はないのですか。

黒岩： 建築基準法で木造4号とされる建物の場合は、建築確認申請をしなくてもできる工事があります。

三輪： それはありがたいです。空き家が木造4号に該当するのであれば、たとえその敷地が無接道敷地であっても何とか利活用の道が残されているということですね。

黒岩： ええ、そうです。そしてその工事こそが、増築でも改築でもない、大規模の修繕と大規模の模様替と呼ばれる工事です。

三輪： ああ、修繕や模様替というから、リフォームの工事のことなんですね。

黒岩： いえいえ、建築基準法には、残念ながら「リフォーム」とか今流行の「リノベーション」といった概念はないです。法文規定には「大規模の修繕」、「大規模の模様替」と書かれています。

大規模の修繕と大規模の模様替

三輪： 大規模の修繕と大規模の模様替とは、どういった工事なのですか。

黒岩： 建築基準法の2条の14項と15項に規定されている工事です。14項の大規模の修繕とは、「建築物の主要構造部の一種以上について行う過半の修繕」であり、15項の大規模の模様替とは、「建築物の主要構造部の一種以上について行う過半の模様替」のことをいいます。

空き家が「木造4号」の場合

以下の工事の場合は、建築確認申請が**不要**となるが、法律上の安全基準は満たす必要がある。

---
①大規模の修繕　（**過半を超える**範囲の修理：法2条14号）
　→　建築物の**主要構造部**の一種以上について行う過半の修繕

②大規模の模様替（**過半を超える**範囲の模様替：法2条15号）
　→　建築物の**主要構造部**の一種以上について行う過半の模様替

※**主要構造部**とは、「柱」「梁」「屋根」「壁」などの建築物の部分

工事の規模には**限度**があるので注意

建築確認申請が必要な**新築**や**改築**みたいな工事はNG。

改築
　→　主に建物の全部または一部を取り壊した後に、引き続き、これと位置・用途・構造・階数・規模が著しく**異ならない**建物を建てること。

※行政の対応としては、**過半を超える工事があれば、**
大規模な修繕や模様替であっても、建築確認申請が
必要な新築や改築に当たるかどうかの 現場チェック
（建築監察）を行う。

　→　違反に該当する場合が多い。

三輪： 難しいですね。もっと簡単にいうと、つまり、修繕は壊れた所を修理する感じで、模様替はお部屋の模様替みたいなイメチェンですか。

黒岩： そんな感じです。修繕は、経年劣化した建物の部分を概ね同じ材料を用いて、原状回復させるものです。それに対して、模様替は、建物の構造や規模・機能等の同一性を保ちつつ、材料や仕様を替えて性能の向上を図るというものです。

三輪： それじゃ、例えば、和式トイレを洋式トイレにして、畳の和室をフローリングの洋間にして、段差解消のためにお風呂とかをバリアフリーにするみたいな工事が模様替かしら。

黒岩： そうですね。そして建築基準法で、大規模については、「建築物の主要構造部の一種以上について行う過半の」という表現で規定されています。ここで、主要構造部とは、「壁、柱、床、はり、屋根又は階段」をいいます。

三輪： ということは、例えば、柱が腐って危ないなぁとなれば新しく取り替える柱の数が家全体の柱の過半になっているか、また壁にひびが入っているから直すとした場合は家全体の壁の面積の過半になっているかで、「大規模の修繕」になるかどうかが決まるのですね。

黒岩： 簡単にいうとそういうことです。ここで、気を付けることがあります。「大規模の修繕」や「大規模の模様替」の工事を「これじゃ、まるで新築や改築工事と一緒じゃないか。」とか思われてしまうような感じで限度を超えた工事をやってしまうと、近隣から必ず役所に通報が入って、役所も現場で調査した上で、「これは本来、建築確認申請をして行われるべき工事ではないのか。」と違反建築の取締りをすることになります。最悪の場合は、違反と指摘を受けた部分や建物そのものに対して除却命令が出てしまうことがありますので、そうならないように信頼できる建築士事務所に相談する必要があります。

三輪： よく、柱3本残してとか、基礎だけ残して、あとは新しく造っても大丈夫みたいな話を聞いたことがありますが。

黒岩： それは完全な間違いで、違反建築ですね。

三輪： ええっー。そうなんですかぁーー。

黒岩：　普通、修理・修繕といったら、壊れたところを直すことだし、模様替は、使い勝手のいいように、例えば、和式トイレを洋式トイレにするみたいな、ちょっと改善するくらいの感じのものでしたよね。それを、元の原型が残らないように、全く新しく作り直すのは、新築や改築と同じになってしまいます。新築や改築は、建築確認申請が必要ですから、その手続を踏まないで工事をすることは明らかに違反行為です。

三輪：　ということは、やはり、工事にも限度があるということですね。

黒岩：　そうです。もともと建築基準法の規定のなかには、リフォームという言葉もありませんし、その概念もありませんから、修繕や模様替をごちゃ混ぜにして工事してしまおうという意図で使われ始めた感じがします。以前、寄宿舎に該当するシェアハウスが新しい住宅の用途使いと称されて、違反な物件が広まり、「脱法ハウス」として取締りの対象となっていったことに似ています。

三輪：　一戸建住宅をリフォームする際は、違反にならないように、事前に修繕又は模様替する内容と規模を確認して、場合によっては、信頼できる建築士や役所の建築課で相談してから、建築業者に工事を依頼した方が良さそうですね。

黒岩：　工事が始まって、役所からそれは違反ですと指摘されては目も当てられない状況になりますし、何よりも、近隣住民から信頼を失っては、工事後の建物の使用についても近隣トラブルに発展してしまう恐れが十分にあります。

三輪：　それは嫌ですよね。せっかくお金を使って工事をしたのに、近隣住民といざこざを起こしてリフォームした住宅が使えなくなったら困ります。

建築確認申請を伴わない工事をする際の注意点

三輪：　接道要件を満たさない場合でも、空き家が「木造4号」と呼ばれる建物であれば、建築確認申請をしないでもできる工事がありましたけど、注意すべき点はありますか。

黒岩：　「大規模の修繕」や「大規模の模様替」はもちろんのことですが、そこまで大きな規模ではない、普通にリフォームと言われているような小規模な修繕や模様替の工事をするときは、近隣住民に違反建築の工事をしていると誤解されないように準備をしておいた方がいいでしょう。

三輪： どうして誤解されるのですか。

黒岩： 建築確認申請を経て行う建築工事の際は、工事現場の見やすい場所に建築基準法で定められた建築確認板（法令許可票）を掲示することになっています。その看板には「建築基準法による確認済」というタイトルが付けられています。そしてそこには建築確認を受けた年月日や確認番号、建築主、工事監理者等の情報が記載されています。

三輪： そうか。法律に基づいた工事かどうかがその看板で判断できるのですね。

黒岩： そうです。ですから、看板が掲示されていないと、違反の工事をしていると近隣住民から思われてしまうわけです。

三輪： 素人には見分けがつかないですから、仕方がないですよね。

黒岩： 木造4号建築物のリフォーム等の工事は建築確認申請をしないで行う工事のため、この看板がないのです。

三輪： すると、事前に近隣住民には違反工事ではないことを、しっかり説明しておく必要がありますね。

黒岩： あとよくトラブルになることをあげると、建築確認申請を伴わない工事の時は、「セットバック」をしなくてもいいので、近隣住民からは苦情が役所に寄せられます。

三輪： セットバックは、建築確認申請が必要なときにするのですか。

黒岩： もともと、42条2項道路で、再建築等を行う際に、宅地の一部を道路敷地にして、1項道路と同様にみなすように行われるのがセットバックでしたね。

三輪： だから、再建築に当たらない修繕や模様替は、セットバックが不要なのですね。

黒岩： でも、一般の人はそのことを知りませんから、工事したのにどうしてブロック塀がそのまま残っているのですかと苦情が行政に行きます。

三輪： 工事前には、しっかりと、その辺も含めて、近隣に挨拶と説明をして、あとあとトラブルにならないように準備はした方がいいですね。

「確認済み表示板」の掲示

1、建築確認済証の交付を受けた建築物及び工作物の工事に着手するときは、工事現場の見やすい位置に、建築基準法による確認済であることを示す表示板を掲示する必要がある。　　　　　　　　　　　　　　　　　　　　（建築基準法第89条）

2、表示の様式は、建築基準法施行規則第68号様式のように定められている。
　　　　　　　　　　　　　　　　　　　　　　（建築基準法施行規則第11条）

第68号様式

35cm以上

25cm以上

建築基準法による確認済	
確 認 年 月 日 番 号	
確 認 済 証 交 付 者	
建 築 主 又 は 築 造 主 氏 名	
設 計 者 氏 名	
工 事 監 理 者 氏 名	
工 事 施 工 者 氏 名	
工 事 現 場 管 理 者 氏 名	
建 築 確 認 に 係 る そ の 他 の 事 項	

工事に伴うクレームのワースト10

黒岩： 近隣住民に違反建築の工事だと誤解されて、役所に通報が行くお話をしましたが、区の職員から伺った工事に伴うクレームについてご紹介しますね。

三輪： それは、違反とならないように気をつけるべきことでしたら、大変に参考になりますね。

黒岩： 順位はともかく、役所に入るクレームとしては、右のページにまとめた内容のようになるようです。

三輪： あら、どれも建築基準法上の建物の物理的な違反行為というよりも、ご近所同士で発生している民事的なトラブルという感じがしますね。

黒岩： 全く、そうですね。特に一番目に付くのが、工事の前に挨拶がない。工事の内容が説明されず不安。

三輪： そうか。新築や再建築となれば、今までご近所付き合いをしてきた方が工事をされるわけではなく、全くご縁のない見知らぬ人が、新しく家を建てる場合が多いから、不安や猜疑心がまず先に立ってしまうことなんですね。

黒岩： そうですね。工事前の挨拶とか工事説明とか、ちょっとした配慮の足りなさから、大きくあとでトラブルに発展してしまう恐れがあるわけですね。

三輪： 大規模の修繕や模様替についても、親や親戚が亡くなったあとに相続して、利活用する場合は、やはり、空き家のあるご近所さんとしっかり信頼関係を構築して、工事したあとの利用はこうなりますとか、ご迷惑をおかけしないように努めますとか、ご連絡がすぐ取れるようにしますのでご安心下さいとか、相手に納得して頂ける環境整備が今後重要になってくるといえますね。

黒岩： おっしゃるとおりです。空き家の利活用は、ご近所さんとの信頼関係のもとに成り立っていくと、いわば、大前提だと言い切っても過言ではないでしょう。

建築工事で行政に寄せられる苦情内容
ワースト10

①工事の前に挨拶に来ない。
②工事内容の説明が十分にされずに不安だ。
③敷地境界線の間近で家が建つ。(民法234条:離隔50㎝)
④新築の建物の高さが高い。(日照権・眺望権)
⑤目隠しの設置(民法235条)
⑥工事の際の隣地使用権(民法209条)
⑦囲繞地通行権(民法210～213条)
⑧2項道路でセットバックをしていない(基準法42条)
⑨リフォーム工事が、無届増築になっている(基準法6条)
⑩隅切りを作らない(都条例2条)

セットバック工事が行われて道路が拡がったところ

イラスト作成:著者

知って得するコラム　その２

道路幅員の表示について

高橋：　よくこの道路は、幅員3.64mの区道ですとか聞きますが、どうして端数のある数字になっているのですか。

山口：　それは、昭和34年に土地・建物の坪表記を除いて、日本でメートル法が完全実施されたからなんですよ。

高橋：　メートル法って、長さの単位のメートルですか。

山口：　そうです。日本は昔から、尺貫法（しゃっかんほう）が使われていました。ですから、道路の幅員や長さもその単位で表示されていたのですが、メートル法化されて、端数のある数字として表記されるようになったのです。

高橋：　具体的な例をあげるとどうなりますか。

山口：　下の表のようになります。道路幅員を表す単位は「間（けん）」でした。

尺単位	メートル単位	生活場面での具体例
1尺（10寸）	0.3030303m	5寸釘、一寸法師
1丈（10尺）	3.030303m	1丈の堀
1間（1歩＝6尺）	1.818182m（1.82m）	1間の押入れ、6尺の大男
1町（60間＝360尺）	109.090m	1町1反
1里（36町）	3927.2723927m	1里塚

高橋：　確かに、昔の道路図面をみると、1間道路、2間道路と表記されていますね。

山口：　1間道路は、幅員が1.82m、1間半道路は、2.73m、2間道路は、3.64m、2間半道路は、4.54m、3間道路は、5.45mとなります。

高橋： ということは、同じ道路でも幅員が4m道路とか6m道路と表記されるものと比べると、間単位の幅員の道路は古い時代の道路ということですね。

山口： 昔の日本は、車のない時代で、6尺（1間）から9尺（1間半）程度が狭隘な生活道路の標準的な幅員でした。

高橋： 3間（5.45m）もあれば、当時だと大通りだったんですね。

道路の最低幅員について

高橋： 昭和25年に成立した建築基準法の第42条で、建築可能な道路の幅員が4m以上であるという大原則が設けられていますが、なぜ、最低道路幅員が4mとなったのかについては、"消防車が全戸に到達できるために必要"だからという説明をよく聞きますね。

山口： しかし、最低道路幅員規定が4mとなったのは、その経緯については不明瞭な部分が多いようですが、建築基準法の前身である市街地建築物法（大正8年法律第37号）が昭和13年に改正されたときだそうです。

高橋： この道路の最低幅員規定については、「現在は戦前のように科学的な分析から基準を定めることが不可能というような時代ではない。最低限の説明責任を果たしうるだけの説得力を持った何らかの本質的な分析から基準を定めることが必要である。」とする見解があります。[※6]

山口： 昔の日本では、9尺（1間半＝2.73m）が生活道路の標準的な幅員だったので、建築基準法で2項道路と指定された場合は、公道・私道に関わらず、セットバックしないと再建築ができませんね。

高橋： すると、道路に接する両端の敷地はお互いに、約63cm後退して、宅地の一部を道路とみなして提供することになりますね。

山口： 公道に面した敷地のセットバック部分は、寄付や無償使用承諾の取り交わしをして行政に管理してもらうことができますよ。

[※6] 橋本幸曜、「建築法規最低道路幅員規定における4m規定の由来に関する研究」
（東京大学 都市工学専攻 2004年度 修士論文梗概）
http://ud.t.u-tokyo.ac.jp/research/thesis/assets/motti_hashimoto_summary.pdf
（最終閲覧日：平成31年3月10日）

≪第1編第2章　確認メモ≫

※下記の（　）の空欄を埋めてみましょう。

（1）空き家の利活用で、最大のネックは、その敷地が、（　①　）の道路に（　②　）要件を満たしているかである。

（2）（　②　）要件を満たしていない敷地は、再建築が不可のため、売却処分等が難しく、資産価値が低くなるために、（　③　）と呼ばれる。

（3）たとえ公道であっても（　①　）の道路に接していなければ建築工事はできないので注意が必要。

（4）建築基準法の42条1項では、（　④　）、（　⑤　）、既存道路、（　⑥　）、位置指定道路の5つの幅員4m以上の道路が定められている。

（5）42条2項では、幅員4m未満の道路であっても、道路中心線から2mの（　⑦　）を行い、宅地の一部を道路として提供すれば、42条1項道路と同様にみなされ、再建築が可能となる。この道路は一般に（　⑧　）と呼ばれる。

（6）（　⑦　）した部分の敷地が公道に面している場合は、自治体と所有権移転を伴わない（　⑨　）を取り交わして、公道の管理区域を拡げる形で維持管理をお願いすることができる。

（7）公道を構成する民間所有の敷地は、道路法第4条の（　⑩　）の制限規定により、事実上、所有権等の行使ができないことになっている。

（8）（　⑧　）が私道であった場合、その拡幅部分にチェーン・ポール等の工作物が設置されても、車の通行権を主張して除去を求めることはできない。

（9）空き家が（　③　）にあっても、建築確認申請が不要な大規模の修繕や模様替ができるが、新築や（　⑪　）みたいな限度を超える工事はNG。

確認メモの解答は、P.20です。

第1編
建築基準法関連編

第3章　用途変更に伴う利活用のお話

空き家と用途変更

小山内さん

小山内： うちの近所に空き家があってしばらく放置されている状態が続いているんですが、最近不動産業者なのか、建築業者なのか分からないですが、その空き家についていろいろ調査しているみたいです。

矢越： 近隣住民として、この先、その空き家がどのような使われ方をするかご心配ということですね。

小山内： それもありますが、もしその計画が頓挫して、再び放置されて荒れ果てたお化け屋敷みたいになったら、えらい大変だなぁとも思っているんですよ。

矢越： 空き家がうまい具合に利活用されたらいいですね。

小山内： 放置されるよりは、しっかり、維持管理されて、適正な利活用が行われた方が大歓迎ですよ。

矢越： 利活用については、昨年（平成30年）に建築基準法が空き家の利活用を念頭に置いた形でいろいろ改正されたそうですよ。

小山内： まじっすか。

矢越： ええ、建築基準法の一部を改正する法律（平成30年法理第67号）が国会で成立して、平成30年6月27日に公布、同年9月25日に施行されました。

小山内： 空き家のことを考えての改正ですか。それは興味深いですね。

矢越： この改正についての国交省の説明では、空き家の総数がこの20年間で1.8倍に増加しているようです。そのため、その数を抑えるためには、空き家の用途変更を易しくして、利活用させていくことが有効と考えられたらしいです。

矢越主任

小山内： 空き家がそんなに増えているんですか。1.8倍って、2倍じゃないですか。ところで、今回の法改正で、空き家の利活用と関係があるといいますが、どういったものなのなんですか？

矢越： 空き家の利活用を考えた場合は、大きく分けて2通りになると思います。つまり、自分が住んだり、他人に貸したりする住宅として使うケースと、そうではない非住宅として使うケースです。

小山内： 非住宅とはなんですか。

矢越： 飲食店などの商業用の施設だったり、今話題のシェアハウスや民泊等の宿泊施設だったり、待機児童解消のための小規模保育や認知症患者のためのグループホーム等の福祉施設にして利用することです。

小山内： 戸建住宅を改修して、そのまま自分や他人が住む住居にするというのは分かるのですが、住宅の用途を変えて非住宅にしてしまうというのは大丈夫なのですか。

矢越： そこが、今回の法改正の肝になっていますよ。

小山内： 確か、用途変更に関する建築基準法の規定といえば、第6条の特殊建築物でしたね。100㎡を超える用途変更の場合は建築確認申請が必要みたいな。

矢越： ええ、そうですね。ただし、平成30年の法改正で200㎡を超えるになりました。

小山内： 空き家の利活用とこの特殊建築物とはどういう関係があるのですか。特殊建築物は、学校や体育館、百貨店等の不特定多数の人が出入りする建物だったと思いますが。

矢越： 特殊建築物には、共同住宅や飲食店等もありますよ。

小山内： そうか、空き家を用途変更して共同住宅や飲食店等にする場合に関係するわけですね。

シェアハウス問題

矢越： 以前、戸建住宅を改修してシェアハウスにする動きが社会現象となりました。バブ

ル崩壊後、長引く不況で、就職氷河期とかニートとか、引きこもりとか、派遣切りとか、さまざまな雇用に関する問題が出ましたが、収入の少ない方々が住む場所を求めて、シェアハウスに関心が集まったのがきっかけでしたね。

小山内： 私もテレビの特集番組を見ました。確か保証人不要、敷金礼金不要で、簡易な手続きで即入居できるのが魅力だとか。

矢越： もともとは、仕事が不安定で、部屋を借りるとしても敷金が貯められないとか家賃を払い続ける安定した収入がないとか入居に必要な保証人がない等の理由でネットカフェに寝泊まりをしていた「ネットカフェ難民」と言われる人たちが、平成22年に成立した東京都の条例によってネットカフェで寝泊まりができなくなったのが発端です。

小山内： そうでしたね。その条例って、「インターネット端末利用営業の規制に関する条例」（平成22年3月31日東京都条例第64条）という名前でしたね。

矢越： はい。ネットカフェでは、誰もが気軽にネットカフェの個室で自由に自分の時間を過ごしたりできる反面、その匿名性を悪用して、ネットカフェの端末を利用して不正アクセスをしたり、他人を誹謗中傷するサイバー犯罪が増加してために青少年の健全育成を害する多くの事案も発生しました。

小山内： そこで、条例でネットカフェの事業者に、利用客の本人確認義務等を課す規制を始めたのでしたね。

矢越： 住民票がない等の理由から身分を証明できない人たちはネットカフェを出ざるを得なくなって行き先がなくなり困窮してしまいました。その人たちの行き場所として新たに考え出されたのがシェアハウスだったわけです。

小山内： 当初、レンタルオフィスとか貸し倉庫とかという位置付けでネットカフェから追い出された人たちに貸していたんですよね。

矢越： ええ。ところが、そこの入居者が病気になって、救急車を呼んだところ、救急隊がその施設に入ってビックリ仰天してしまった。

小山内： 新聞やテレビで大騒ぎでしたね。

矢越：　入居者の部屋には窓もなく、換気設備もなく、一人あたりの入居スペースが1.5畳程の面積しかなく、隣の部屋の間仕切りも薄いベニヤ板みたいなものだけで、隣の人の咳払いも聞こえてしまう感じだったとか。

小山内：　部屋の中は照明用として勉強机の上に置くような小さな電気スタンドと間仕切り兼用に二段ベッドを加工したベッドがあるだけでしたね。ネットや新聞の説明図を見て驚きました。

矢越：　廊下も幅が50㎝程度しかなく対面から来る人とはカニさん歩きしないとお互いに通り過ぎることができないような造りでした。

小山内：　当然そこには火災などの緊急時に対応できる消防設備もなかった。単に戸建住宅を細かく分けて部屋を造り、30数人の人たちがギュウギュウ詰めに暮らしていたという状況でしたね。

矢越：　救急隊が消防署に帰庁して、これは消防法的に問題があるのではないかと懸念され、施設に指導を始めたのが、シェアハウス問題の発端でしたね。

小山内：　マスコミも連日テレビや新聞等で特集を組んで、ニュース番組でも報道していました。マスコミは、このシェアハウスを「脱法ハウス」と呼んでいました。

矢越：　あの当時、シェアハウスが既存の建築基準法の建物の用途についてどのカテゴリーに当てはまるかよく分からないまま、新しい建物の使い方だと持てはやされ、急速に広まっていきました。

小山内：　入居者のほとんどが、収入の少ない、保証人も立てられない、まとまった敷金も払えないからここに住んでいるんだという感じでしたし、生活保護を受けている一部の人たちも住む場所として頼っていたので、シェアハウスの運営がまるで貧困ビジネスの象徴のように扱われましたね。

矢越：　また、戸建住宅をシェアハウスという宿泊施設に改修する際、行政の目の届かないところでいろいろと増築等の違反建築の工事もしていました。

小山内：　消防署は消防設備等が整っていないとして、査察（施設の中に立ち入って検査）して、改善命令等の是正措置を発動しましたね。

矢越：　ええ、そうですね。それに、消防署は消防法以外の法令（他法令）についてもおかしいと思われる事項については、その法令の所管庁でも調査した上で是正措置をして下さいよという感じで、他法令違反（建築基準法違反等）の通知文を区役所の建築課などにも出していました。

小山内：　それで受け取った区役所は、すぐに査察したのですね。

矢越：　ところが、建築基準法では特定行政庁には、警察や消防のように捜査や査察といった権限は法律で付与されていないので、独自に立ち入り検査ができなかったんです。また、取り締まるとしてもシェアハウスが建築基準法上、建物としてどのようなカテゴリーに該当するかが不明なままで、国からもなんら方針が示されていませんでした。

小山内：　ああそれで、なかなか、迅速に是正指導に取り組まない姿勢に対して、「ただ手をこまねいている」とか新聞に書かれて叩かれたんですね。

矢越：　それに、区の建築監察の職員は、現在進行形の違反建築の工事現場に立ち入り、検査や質問等ができますが、工事が終了した後の人が生活している建物に立ち入る場合には、事前に建物所有者や管理者等の同意が必要になります。建築基準法の第12条第7項には、「建築主事の委任を受けた当該市町村若しくは都道府県の職員にあっては、（省略）住居に立ち入る場合においては、あらかじめ、その居住者の承諾を得なければならない。」と規定されているからです。

小山内：　当然、シェアハウス側は拒否しますもんね。下手に監察の職員を施設に入れたら、建築基準法違反と言われて営業ができなくなる恐れがあるから。

矢越：　そこで、消防署と相談して、消防の査察の時に、消防からの依頼を受けて同伴して、施設のなかに入る形をとったんです。

小山内：　ああ、なるほど。いい考えです。消防署と区役所の連携プレーですね。

矢越：　それで、色々と建築基準法上でも、違法増築や居室面積、防火・耐火性能、採光、換気、廊下の幅、窓先空地などについてたくさん問題点が明らかになりました。

小山内：　なるほど。今までレンタルオフィスとか貸し倉庫とか偽って、まるで「独房ハウス」のような部屋を社会的な弱者に貸し与えていた悪質な事業者を取り締まることができたんですね。

矢越： ええ、そうです。事業者に対しては違反箇所の是正指導や施設そのものの使用停止命令を出すことになりました。

小山内： 国はどう動いたのですか。

矢越： 平成25年9月6日になって、ようやくシェアハウスを取り締まる通達を出しました。シェアハウスを建築基準法上の建物のカテゴリーとしてどのように捉えるかを決めることができたからでした。国交省は、事業者が管理して複数人を住まわせるシェアハウスを寄宿舎として規制に乗り出しました。寄宿舎は、共同住宅の用途に近い、特殊建築物のひとつです。そこで、特殊建築物として建物の安全性が担保されていなければならないと結論付けました。

小山内： つまり、寄宿舎の用途にふさわしい建物の造りが求められたわけですね。

矢越： そうですね。でも、戸建住宅と寄宿舎とでは根本的にもともとの建物の造り方が異なりますので、戸建住宅を改修して、シェアハウスにしていた場合は対応できませんでした。消防法による消火設備等の場合は、建物に取り付ければ何とかなるでしょうけれども、建物の構造上の変更は無理でした。例えば、建築基準法第24条3号、第27条で防火・耐火性能が問題となり、第28条で居室の採光と換気が、第29条では防湿性能が問われます。また、東京都建築安全条例第19条1項、2項では、避難経路の確保として敷地内の一定の空き地（窓先空地）について懸念が及びます。

小山内： 寄宿舎の要件に似た造りの共同住宅をシェアハウスに改修していた場合は、比較的問題をクリアすることができたようでしたね。ところが、それ以外は、経営を断念して多くの事業者が廃業に追い込まれていった。シェアハウス業界では、国交省の通達（国住指第4877号、国土動指第44号、国住指第1970号、国住マ第34号）が、平成25年9月6日に出されたので、「9.6ショック」とか言われていますよね。

矢越： 特に、一番のネックだったのは、窓先空地の問題でした。

小山内： 窓先空地は、東京都や横浜市などの一部の自治体の建築安全条例でみられる規定ですね。

矢越： 共同住宅などの建物で、火災となった場合の避難経路を確保する趣旨で設けられています。

小山内： でも、窓先空地にあてる敷地がないと、窓先空地自体を設けられませんから、戸建住宅を改修してシェアハウスにしたら大変なことになってしまったということですね。

矢越： ちなみにこの窓先空地は、建築基準法上の規定ではありません。これは、建築基準法第40条による「地方公共団体の条例による制限の附加」という、いわば、「法律の委任」を受けた条例で規定されたものです。東京都の場合は、東京都建築安全条例（以下、「都条例」という。）というものになります。

小山内： 建築基準法で、シェアハウスが寄宿舎という扱いとなれば、その委任を受けた都条例も寄宿舎の扱いとなるわけですね。

矢越： そして、都条例で、寄宿舎に対応する規定として「窓先空地」があったということです。

> **建築基準法**
> （地方公共団体の条例による制限の附加）
> 第40条　地方公共団体は、その地方の気候若しくは風土の特殊性又は特殊建築物の用途若しくは規模に因り、≪中略≫建築物の安全、防火又は衛生の目的を充分に達し難いと認める場合においては、条例で、建築物の敷地、構造又は建築設備に関して安全上、防火上又は衛生上必要な制限を附加することができる。

脱法ハウスにおける入居部屋の事例

窓先空地のイメージ図

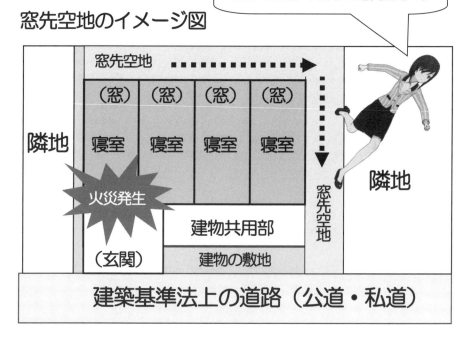

建物の既存不適格と用途変更

矢越： もともと、シェアハウスは、建物の使い方、つまり、建築基準法上の「用途」に関して問題視された事件でした。一般の戸建住宅が改修されて、複数の人間が共同生活を行う「寄宿舎」に相応した造りになっていないということで、国交省の規制が始まったのです。

小山内： この規制の位置付けを別の視点で見ると、建物の「用途変更」に伴って、その用途に即した安全基準を満たさない形で、引き続き、その建物を使用すると、**既存不適格**の問題にも繋がってきますよね。[※7]

矢越： ええ、そうですね。新築当初は、その用途に合った造りで建物が建築されるわけで、その後、別の用途でその建物を使用するとなると、頻繁に今回（平成30年）みたいに法改正される建築基準法の世界では、新しい安全基準に則した用途の造りが求められることになります。

小山内： つまり、その新しい安全基準を満たすことなく使用すると、建物の既存不適格という部分と新しい安全基準との「乖離」が生じてしまい、その乖離が、「著しく保安上危険」ということになれば、建築基準法第10条の規定によって、行政による是正措置が発動されるという流れになるわけですね。

矢越： よくご存知ですね。そのとおりです。

小山内： ところで、国交省はシェアハウスを「脱法ハウス」とは呼ばず、「違法貸しルーム」と呼んでいますね。[※8]

矢越： 「違法」ということであれば、第9条の是正措置ということになります。それに、「用途変更」に伴って、既存不適格となった建物と現行の安全基準との「乖離」を是正する第10条による措置ではないことになってしまいます。

小山内： 国交省のホームページをみると、「多人数の居住実態がありながら防火関係規定などの建築基準法違反の疑いのある建築物（違法貸しルーム）」と記載されています。

矢越： これによると、「防火関係規定」などの違反となっていますので、これまでの寄宿舎という「用途変更」の問題を考えると、意味が分からなくなりますね。

小山内： もしかすると、「用途変更」によって、現行の安全基準としての「防火関係規定」などがなおざりになって違反状態になっているという意味なのでしょうか。

矢越： でも、それは、現行の「防火関係規定」を充足するよう、既存不適格部分との「乖離」を第10条で是正すればいいのではないかと思ってしまうのですが、いかがでしょうか。現行法令の違反是正としての第9条規定と、既存不適格の是正としての第10条規定の違いが、このシェアハウス問題では、個人的によく分かりませんでした。

知っておきたい用語の説明

既存不適格
　建物の建築当初は、その時の建築基準法に沿って造られるので、当然、適法な状態にあるが、その後の度重なる法改正や都市計画の変更等によって、現行の法令と合わない部分が生じることがある。この状態を不適格と呼び、そのような建物を既存不適格建築物という。当初から法令に反した違反建築物等とは異なるが、増築や建替え等をする際は、現行の法令に適合する形で建築する必要がある。

建築物の維持保全と既存不適格に関する規定

建築基準法
（維持保全）
第8条　建築物の所有者、管理者又は占有者は、その建築物の敷地、構造及び建築設備を常時適法な状態に維持するように努めなければならない。

（保安上危険な建築物等に対する措置）
第10条
3　≪中略≫特定行政庁は、≪中略≫建築物の敷地、構造又は建築設備≪中略≫が著しく保安上危険であり、又は著しく衛生上有害であると認める場合においては、当該建築物又はその敷地の所有者、管理者又は占有者に対して、相当の猶予期間を付けて、当該建築物の除却、≪中略≫必要な措置をとることを命ずることができる。

(※7) 既存不適格建築物に係る是正命令制度に関するガイドライン（国交省）
http://www.mlit.go.jp/common/001093989.pdf

(※8) 違法貸しルーム情報について（国交省のホームページ）
http://www.mlit.go.jp/jutakukentiku/house/jutakukentiku_house_fr_000052.html
（最終閲覧日：平成31年3月11日）

知って得するコラム　その３

既存不適格に対する考え方が分かる国会の資料について

（出典：国会会議録検索システム）

http://kokkai.ndl.go.jp/SENTAKU/syugiin/072/0350/07205240350018.pdf

【空き家問題に対する建築基準法の８条規定と10条規定についての考察】

　このような国会の議論をみてみると、既存不適格の建物に対する建築基準法第10条の規定の法的な性格が分かってくる。第10条規定は、既存不適格の建物と現行制度の安全基準との乖離が大きく、著しく保安上危険、あるいは著しく衛生上有害な場合に、行政による除却、移転、改築、増築、修繕、模様替、使用禁止、使用制限その他の是正に必要な措置が発動できるというものであるから、既存不適格という建物と法令等の改正による安全基準との乖離が要因となっている。

　それに対して、空き家問題は、空き家が第８条の維持保全の義務が、所有者等によって適正に行われていないということが要因だ。つまり、空き家問題は、空き家が既存不適格となって、現行の安全基準と著しい乖離が生じて発生したのではなく、空き家を管理する人物が死亡等により不在となり、あるいは経済的な事情で建物の管理が行き届かなくなって、敷地内の雑草や立木等が繁茂し、近隣に迷惑をかける等の事象が原因となっている。

昭和49年5月24日（金）
第72回 衆議院建設委員会 議事録 第18号

○村田委員
「不特定多数の人々が利用します既存の特殊建築物に対して、人命の安全を確保するために防火、避難に関する規定を適用するのだという趣旨を徹底するならば、すべての特殊建築物に対して適用すべきだとも考えられます。《中略》特殊建築物の数でございますが、これは全国で数十万にものぼるということから、何からの限定をすることはやむを得ないものだ、こういうふうにも考えられます。そこで用途につきましては、《中略》百貨店、病院、地下街、複合用途ビル等に限定をし、また階数面積でも限定しておるということになるわけであります。」

○沢田政府委員
「建築基準法のどの条項を適用するかということでございますが、これは防火、避難に関する条項の一部でございます。《中略》この数年におきます防火関係の基準法の規定、技術基準というのは、非常に大きく進歩といいますか、整備あるいは技術の進歩に伴いまして非常に大きな進歩を遂げております。ということは、いまあります建築物、その改正の前に建てた建築物というものがみんな既存不適格になっているということでございますが、《中略》さようなことでございますが、《中略》さような先に建築したものは、あとのことを予想しておりませんので、特別避難階段を設けろといわれましても設けられない、ところがそれを設けようと思うと敷地がない、こういうふうな状況が起こります。《中略》そこで、これに対しまして私どもは現在も実は遡及適用をやっておるのですが、そういうことではないのでございます。それは建築基準法の中に十条にございまして、特に危険な既存不適格につきましては個々に判断して是正命令が出せるという制度がございまして、これをこの両三年非常に励行してきて努力はしたわけでございますが、そればでもまだ効果があがらない。」

　もちろん、長年、修繕等が施されず、放置されて、建物の老朽化が進み、屋根材や壁面が隣家の敷地に剥離落下することもあるが、問題の本質は建物の管理不全であって、人的な要素といえる。仮に既存不適格という大義名分で指導した場合、後で管理できる相続人などが出現して、適正管理を始めたときは、法的に既存不適格の部分が是正され、解消されたといえるだろうか。

　いや、老朽化により破損したところ等を修繕しても、それは現行制度の安全基準を満たすような是正が行われたとは言えないだろう。むしろ、第8条の規定にあるように、所有者・管理者等が、問題となっている空き家の建物を「常時適法な状態に維持するよう努め」だしたと捉えるのが妥当なのではないだろうか。

シェアハウスと入居契約

矢越： この戸建住宅を用途変更してシェアハウスにした場合にもう一つ大きな問題点が生じました。

小山内： 建物の改修とかで法令に抵触することですか。

矢越： いいえ、建物の物理的なことではないのですが、入居契約のあり方で、建築基準法違反となってしまうことです。

小山内： はぁーーー、意味が分かりませんが。入居契約って民事上の契約行為じゃないですか。それがどうして、建物の安全基準を司る法律の建築基準法に抵触するんですか。

矢越： 私もその点については、よく理解ができていません。しかし、問題となったのは、マンション等の共同住宅の空き部屋が、シェアハウスとして使われるケースでした。

小山内： マンションは、共同住宅だから、既に建築基準法で求められる寄宿舎としての用途上の防火関係規定等の安全基準は、比較的容易にクリアされる場合があるんじゃないですか。

矢越： そうなんです。でも国の考えとしては、同じ間取りのマンションでも、家族４人が一緒に暮らす場合は何も問題は生じないけれども、友人同士４人が家賃を折半して共同生活をすると、シェアハウスとして取締りの対象とするということでした。

小山内： へぇーー。意味が分かんないーー。

矢越： これに関しては、国交省の外郭団体のUR都市機構が賃貸マンションの事業を行っていますが、UR都市機構ではハウスシェアリングと称して、友人同士や社員寮代わりの賃貸使用を認めています。

小山内： あ、そうだ。そうだ。民間の同様な賃貸による貸し出しは認められず、UR都市機構のハウスシェアリングは大丈夫というのはどういうことなんですね。矛盾だーー。

矢越： そこで、区としては、東京都で空き家対策に熱心に取り組んでいるNPO法人と相談しました。区民から苦情が来たとき対応ができなくなるからです。それに空き家対

策と低所得者層の若者のこれからの住宅政策を考えた場合、空き家の利活用としてシェアハウスが認められないとなると、空き家対策としての事業が行き詰ってしまうからでした。当然、レンタルオフィスや貸し倉庫と偽って社会的弱者に独房みたいな部屋を貸し与える脱法ハウスではなく、しっかりと安全が確保された良質なシェアハウスへの利活用が大前提ですよ。

小山内： それで、どうなったのですか。

矢越： NPO法人の代表者の方は一級建築士の方でしたので、UR都市機構のハウスシェアリングにおける疑問点について、UR都市機構と国交省の担当者に電話で質問して頂きました。

小山内： 直接、ズバッと聞いたんですね。

矢越： 次のページは、その時の回答の内容です。

小山内： この回答だと、入居時の賃貸借契約のあり方で取締りの対象となるか否かが決まると受け取れますね。

矢越： つまり、その建物を管理する側と契約する際、①家族として1つの契約となる場合は、取締りの対象とならない。②友人同士が、個々に別々に契約する際は、不特定多数（特殊建築物の定義）の者を居住させる寄宿舎とみなされ取締りの対象となる。③たとえ友人同士であっても、「準家族的」なグループを構成して、単一な契約書を取り交わせば、取締りの対象とならないということでしょうか。

小山内： そして、生活の苦しい人がグループを組んで入居することが「家族」に準じるかは、特定行政庁（区役所等）と打ち合わせをして下さいですか。

矢越： 本来、建築基準法の取締りは、法によって定められた建物の安全基準と乖離した建物を造ろうとした場合は第9条で対応し、既存建物で合法的に存在していても、現行法令の安全基準との乖離が著しく保安上危険、または著しく衛生上有害となった場合は、第10条で是正するというものです。

小山内： でも、この回答内容では、同じ建物でも、入居者の賃貸借契約の仕方如何で、建築基準法上の違反となるか否かの判断を自治体（特定行政庁）に任せるとしていますよ。

URのハウスシェアリングとシェアハウス問題との違いに関する質問に対する回答の概要

（1）UR都市機構からの回答

①国交省の見解では、「その用途判断は賃貸契約の方法によるところがある。」

②1の居室に対して1人の賃貸契約というような、1対1の契約方式の場合は「寄宿舎」とみなす。

③UR都市機構の行っている「ハウスシェアリング制度」は、まず入居者にグループを組んでもらい、グループ全員が入居する「住戸」の契約名義人となる契約方式です。グループ全員が契約名義人となり、1つの住戸を借りる1対グループという契約方式です。この場合、このグループは、「準家族的関係」とみなされるので、賃貸される物件は「住宅」となり、「寄宿舎」にはあたらない。

④よって、「ハウスシェアリング制度」により、賃貸される住戸は当該通知（国がシェアハウスを取り締まるために出した、いわゆる「9.6ショック」の通知）の「貸しルーム」＝「寄宿舎」の用途判断から除外される。

（2）国交省からの回答

「当該通知（平成25年9月6日、国土交通省住宅局建築指導課長より各都道府県の建築行政主務部長あてに通知された「多人数の居住実態がありながら防火関係規定等の建築基準法違反の疑いのある建築物に関する対策の一層の推進について（技術的助言）」）が、指摘する「貸しルーム」は、「第1用途判断について」に書かれている通り「自ら管理等する建築物の全部または一部に複数の者を居住させる」物件のことで、友達同士で一緒に住む場合等は対象としていません。不特定多数（特殊建築物の定義）の者を居住させる「寄宿舎」を対象としています。生活の苦しい人がグループを組んで入居することが「家族」に準じるかは特定行政庁と打ち合わせをしてください。さらに疑問や不明なことがありましたらご相談ください。」

矢越： 建物が違反な状態なのかどうかではなく、不動産の賃貸借契約という、「民事上の契約形態」のあり方で、違反かどうかが問題とされるというふうに受け取れてしまいますが、この点はどう考えればいいのでしょうか。

シェアハウス規制の緩和

矢越： このシェアハウスは、「貧困ビジネス」に利用されているといわれていますが、安価な利用料金と保証人不要、敷金・礼金不要という時代のニーズに応じたビジネスでもありますね。

小山内： でも、その安価な利用料金に対して、その「寄宿舎」としての厳しい規制のために、コスト高となって、廃業する事業者も多く出てしまいました。

矢越： そこで、国交省も規制緩和の方針をとるようになりました。

小山内： やっぱり、そうなりますね。

矢越： 先ず、そのきっかけとなったのが、平成26年3月17日（月）の第186回国会における国土交通委員会の席上での質疑応答からでした。詳細は次のページのとおりです。その後、具体的な法改正が行われることになりました。これにより、戸建住宅のシェアハウス利用で最大の障壁となっていた「窓先空地」の規制がなくなりました。幅員50cm以上の屋外通路が敷地内で確保されればOKとなりました。

小山内： なんかすごい極端な規制緩和ですね。

矢越： それもシェアハウスで規制緩和が受けられる対象が、200㎡以下の戸建住宅となりますから、空き家とされる戸建住宅のほとんどの規模が、この規模以下になりますから、問題がないということになります。

小山内： へぇー。もうオールフリーですね。

矢越： この他、①廊下の幅員の制限はない、②廊下の両側に居室を設置できる、③寝室面積において既存建築物の転用等で寝室面積は7㎡未満でもいい、④遮音間仕切壁は不要、⑤特殊建築物としての接道長さは適用されない、⑥路地状敷地にも施設を建築で

きる等の大幅な規制緩和が実現しました。

小山内： 今まで行われてきた取締りはいったい何だったんですかね。だって、廃業に追い込まれた事業者はたくさんいたんでしょ。

矢越： 平成27年3月31日までは違反を是正しなければなりませんが、4月1日からは規制緩和でOKとなりました。だから、4月に入ってから、廃業された事業者からの苦情の電話がいっぱい。「俺たちは区から違反だといわれても是正する資金もなくて、やむなく廃業したのに、今になって合法となりましたって聞かされても納得がいかない。どうしてくれるんだ。」と怒られました。

小山内： そりゃ、苦情入るでしょ。区も事業者もお互い辛い立場ですね。そういう時は。

第186回国会　参議院国土交通委員会会議録　第3号

〇吉田忠智　君（社会民主党・護憲連合）

「他人同士がリビングや浴室などを共用して暮らすシェアハウスは、敷金、礼金、保証人不要など初期費用負担が軽いこともあり、年々増加してまいりました。昨年来、シェアハウスのうち、特に脱法ハウス問題が注目を集めました。昨年もこの当委員会で辰已議員も質問をされておられます。これは、倉庫やオフィスに間仕切りを設置して小さな居室にしたもので、窓がない、暗い、換気が悪い、防火対策や避難手段など安全面も不十分で、住環境としての条件を満たしていないと問題になったわけでございます。一口にシェアハウスと言いましても、大きく二つのイメージが混在をしています。一つは、比較的ポジティブな、戸建てや大きめの部屋に若者や高齢者など複数のシングルの方が入居して、住居費の節約だけではなくて、ある程度は居住者同士のコミュニケーションもあるような新たなライフスタイルを提供するもの。もう一つは、ネガティブ、ちょっと表現は難しいんですけど、ネガティブなもので、ネットカフェやタコ部屋よりはましだが、ハウジングプアを食い物にする貧困ビジネスとして批判されているもの。しかし、どちらも、程度の違いはあれ、いずれの側面も有しているというのがこの問題の難しい点だと思います。国土交通省は、昨年9月6日、違法貸しルーム対策に関する通知を出し、事業者が入居者の募集、管理等をする場合は建築基準法における寄宿舎に該当することを明らかにしました。これにより、窓や防火間仕切り壁、非常用照明などを備えないものに対して基準法違

反として是正指導しています。ホームページでも公開されていますが、今年1月末時点で、調査対象が1,603件、是正指導中が592件、是正済みが9件など、基準法違反が合計671件、そのほか既に閉鎖されたものなどが106件となっており、調査対象の8割以上に違反が指摘されています。そこで、まず国土交通省住宅局長に質問しますが、これにより転居や立ち退きが余儀なくされた入居者はどのくらいいたのでしょうか。」

≪中略≫

「ネガティブな方のシェアハウス居住者の多くはワーキングプアだと思われます。職はあるが低賃金で、住居費を低く抑えざるを得ない方々であります。住宅支援給付は失業により住居を失った方が就職するまでのつなぎであり、生活保護も住宅支援給付も職に就いている方は対象にならないんですよね。3月6日の予算委員会で国土交通大臣がこのような答弁をされています。既存の戸建て住宅を活用したグループホームについて、間仕切り壁の防火対策の規制を緩和することを検討したいということでありますが、こうしたシェアハウスについても同様の検討が可能ではないかと考えますけれども、いかがですか。」

というようなやり取りがなされ、

○太田昭宏　君（国交大臣）

「3月6日、予算委員会で、国交省は建築基準法から物を見るということなんですが、この建築基準、グループホームなどの施設にスプリンクラーが設置された場合においては建築基準法の防火に関する規制を緩和するということを検討しているということです。具体的には、寄宿舎に該当する建物について、建築基準法施行令を改正し、スプリンクラー設備が設けられた場合、これ一つ。そして、規模が小さくて一階などで避難がぱっと外に出れるという、この規模が小さく避難が極めて容易な構造である場合が、これ一つ。この二点について、間仕切り壁の防火対策に関する規制を緩和することを検討しているところです。貸しルーム、いわゆるシェアハウスについては、グループホームと同様に建築基準法上寄宿舎として扱われておりますので、今回の規制緩和の検討対象に含まれます。建築物の安全の確保を大前提にしてどのような緩和が可能か、今後検討を進めていきたいと考えております。」

という答弁になって、規制緩和の流れが始まりました。

知って得するコラム　その4

第186回国会　参議院国土交通委員会での質疑応答を
契機に始まったシェアハウスの規制緩和について

1、都条例が見直された主な部分
(1) 平成26年7月、政令が改正され、防火上支障がない部分（政令第112条第2項）にある防火上主要な間仕切壁の防火規制を緩和する。
(2) 都条例においても、多様な住まい方に対応できるよう、寄宿舎等について、既存ストック（空き家）の活用も想定し、窓先空地を不要にするなど、規模や形態に応じたきめ細かい基準とする。
(3) 規模や形態による分類
　①戸建住宅と同様の形態のもの
　②マンションの住戸と同様の形態のもの等
(4) その他の法令基準については、寄宿舎に適用されるものに適合することが必要。
(5) 施行日　平成27年4月1日

2、戸建住宅と同様の形態のものについての緩和
(1) 緩和対象の建築物（A）（第21条第3項）
　①述べ面積200㎡以下
　②階数3以下
　③避難階段以外の階の寝室数6以下
　④寝室数の合計12以下（自動スプリンクラー設備等設置部分は制限なし）
　　※複合用途の場合は、建築物全体が「戸建住宅と同様の形態のもの」の要件に該当しているものに限る。
(2) 緩和内容
　①窓先空地は不要
　　各階に設置した共用の部分（非常時に避難経路とすることが可能なものを含む）に直接屋外に通ずる窓及び避難上有効なバルコニー又は器具等を設け、道路等（第19条第2項に規定する「道路、公園、広場その他これらに類するもの」）まで避難上有効に連絡させた幅員50cm以上の屋外通路を確保することにより、窓先空地は不要とする。（第21条第4項）
　　※述べ面積100㎡以下、階数2以下、寝室数の合計6以下の特に小規模なもの（B）は、幅員50cmの屋外通路も不要とする。（第21条第5項）

※上記の「緩和対象の建築物（A）、小規模なもの（B）」は著者が便宜上つけた表現です。

（参考に東京都建築安全条例の改正をみる）

②廊下は両側居室としてもよい（第20条第2項）
　③廊下の幅員は制限しない（第20条第3項）
　④路地状敷地に建築可能（第10条）
　⑤特殊建築物として求められる接道長さを要求しない（第10条の3）
　⑥遮音間仕切壁は不要（第11条の4）
　⑦既存建築物の転用等やむを得ないと特定行政庁が認定した場合は、寝室面積が7㎡未満でもよい（第19条第1項第1号）

3、マンションの住戸と同様な形態のものについての緩和
（1）緩和対象の建築物（A）に該当しない寄宿舎又は下宿については、各寝室への窓先空地の設置を不要とする。
（2）各区画（居室の床面積が100㎡以下の階又は100㎡以内ごとに準耐火構造の壁等で区画（自動スプリンクラー設備等を設置した場合は200㎡以内））に設置した共用の部分に直接屋外に通ずる窓及び避難上有効なバルコニー又は器具等を設け、窓先空地を確保することにより、各寝室には窓先空地を設けなくてよい。
（第19条第1項第2号・第3号、第2項、第3項）
（3）各階にある「区画数＋住戸数」が6以下であれば直通階段は1つでよい。
（第18条第1項）
（4）各区画内にある廊下は両側居室としてもよい。（第20条第2項）
（5）各区画内にある専用の廊下の幅員は制限しない。（第20条第3項）
　※居室の床面積の合計が200㎡をこえる階において、3LDKなど、4室以上の居室を持つ1住戸を寄宿舎とする場合は、当該廊下について、政令119条の規定が適用される。
（6）遮音間仕切壁は不要。（第11条の4）
（7）既存建築物の転用等やむを得ないと特定行政庁が認定した場合は、寝室面積が7㎡未満でもよい。（第19条第1項第1号）

※この改正で重要なのは、上記の2（戸建住宅と
　同様の形態のものについての緩和）です。

規制緩和された窓先空地の扱いについて

1、従来の考え：こういうタイプの建物には必要

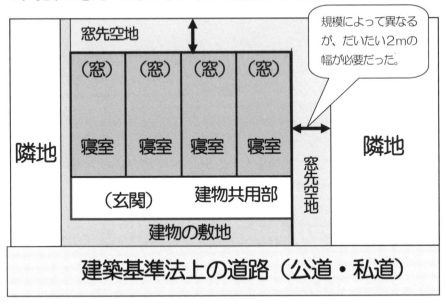

2、改正後の考え：緩和対象の建築物（A）の場合（第21条第4項）

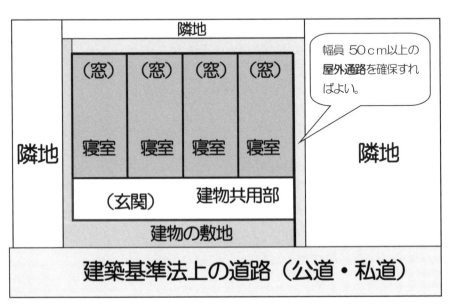

3、改正後の考え：小規模なもの（B）の場合 （第21条第5項）

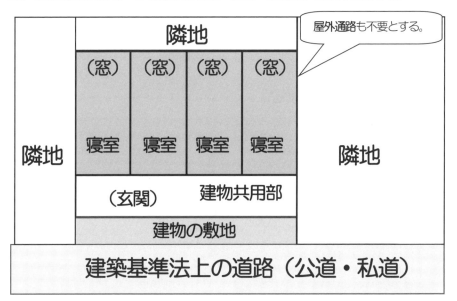

※上記の（A）と（B）のケースは、空き家の利活用として重要な戸建住宅と同様の形態のものについての緩和です。

知って得するコラム　その5

建物と隣地との間にある屋外通路の幅員がどうして50cmに設定されているかの疑問について

【独断と偏見による推察】

　建築工事で行政に寄せられる苦情内容ワースト10にも入っていたトラブルとして、敷地境界線の間近で家が建つというものがあります。これは、住宅が密集した都市部における特有な事象ともいえます。

　民法には相隣規定（隣人同士のトラブルを調整するもの）として、第234条第1項には、「建物を築造するには、境界線から五十センチメートル以上の距離を保たなければならない。前項の規定に違反して建築をしようとする者があるときは、隣地の所有者は、その建築を中止させ、又は変更させることができる。ただし、建築に着手した時から一年を経過し、又はその建物が完成した後は、損害賠償の請求のみをすることができる。」という規定があります。

　行政に訴えてくる大概の方々は、この規定をご存じないので、自分の家の近くに新しい家がくっつくような感じで建てられて、とても圧迫感があるので、相手側にもう少し離れて家を建てさせるように指導して欲しいといわれます。

　これがいわゆる「隣地境界50cm」問題と呼ばれるものです。

　建築基準法には、敷地のなかで建物をどのように配置するかについては規定されていません。いわゆる建ぺい率や容積率などの要件を満たしており、建築計画が建築基準法をはじめとする関係規定と照らし合わせて適合であれば、建築確認が降りて、正式に建築工事が認められます。

　したがって、工事が始まってから、隣の家が近いところに建ちだしたといわれても、法的には問題がないことになります。この「隣地境界50cm」が近いかどうかは隣人同士の普段からのご近所付き合いの程度によっても変わってくると思います。

　最近は、家を建て直して同じ住民が引き続き住むというパターンが少なくなり、全く見知らぬ人が新しく土地・建物を購入して住み始めるということも増えてきたので、感情的には難しい問題となることは確かです。

　このトラブルは、建築基準法上の規定によるものではないので、行政では民事上のトラブルとして処理を行っています。場合によっては、区の無料法律相談の弁護士さんにおつなぎしています。

　ただ、建築基準法第65条には、「防火地域または準防火地域内にある建築物で、外壁が耐火構造のものについては、その外壁を隣地境界線に接して設けることができる。」という規定もあります。これについては、平成元年の最高裁判決で、「建築基準法65条は、防火地域等における土地の効率的な利用を図るという見地から、隣人間の権利関係を調

整するために、外壁が耐火構造であれば、外壁を隣地境界線に接して設けることができるとしたものである。」との考えを示しました。

　よって、防火地域または準防火地域における建物で、外壁を耐火構造にした場合の建物は、隣地境界線ギリギリまで建てることができるということになります。

　シェアハウス問題を機に、これまで必要とされていた窓先空地が見直されました。

　ところが、全く不要というのも問題なので、「隣地境界50cm」の幅を屋外通路の幅員に取り入れたのではないだろうかと思っています。

　しかし、述べ面積100㎡以下、階数2以下、寝室数の合計6以下の特に小規模なものは、幅員50cmの屋外通路も不要とするとあるので、既存建築ストック（空き家）の実態に即した判断ともいえます。

　なにしろ、古い空き家を利活用する場合、敷地面積を変更できないので、どうしても用途変更の際には、この窓先空地が最大のネックになってしまいますからね。

これまで家が離れて建っていた

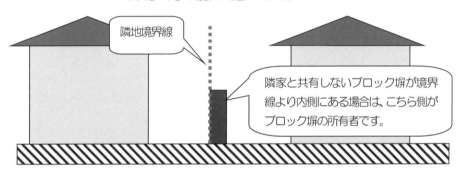

今度は、隣の家の敷地が分割されてしまい、複数の家が建ち出したので、隣地境界の近くまで家が迫ってくる感じになり、苦情の対象となってしまった

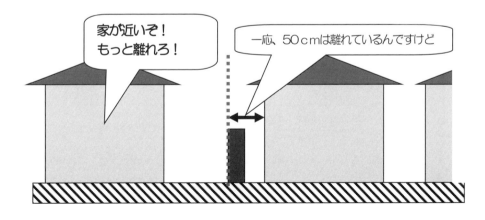

建築基準法の改正に伴う用途変更の規制緩和

矢越: 平成30年に建築基準法が改正されたことによって、既存建築ストックと位置付けられた空き家等の建物を利活用する場合の規制も緩和されました。

小山内: おっ、いよいよ、ですね。

矢越: ここでご紹介するのは、用途変更についてです。これまでは、当初の使い道(用途)を変更させて、新しい用途の建物にする場合は、建築基準法で定められた用途ごとの基準に適合させるために、大規模な工事が必要となる場合がありました。

小山内: 言われてみれば、至極、ごもっともなことですね。それぞれの用途にあった安全基準を満たさなければ、火災などの有事の際には、大事故につながる危険性が高いからですね。

矢越: でも、途中で、建物の用途を変更しようとした場合は、再建築や改築とまでいかないでも、かなり大規模な改修が必要になってしまい、費用の面で問題がありました。

小山内: 空き家がかなりのペースで増え続けているのに、それを減らすための手段となる用途変更に伴う利活用に対してハードル高かったわけですね。

矢越: しっかりとした知識を持った建築士さんや施工業者に正しい工事をして頂かないと、後で行政から違反建築だと指摘されても困ってしまいますからね。

小山内: 建築確認申請を必要としない、木造4号の大規模の修繕や大規模の模様替の工事をしても、違反建築に該当するケースが大変多いということもあります。

矢越: 大規模の工事で認められた規模を超えてしまったり、違法な増築をしてしまったり、安全基準に満たない建築資材を使ったりとさまざまですね。

小山内: これまでの用途変更の規定といえば、第6条の100㎡の床面積を超える場合の特殊建築物の建築確認申請でした。

矢越: この申請については、類似用途相互間の用途変更もおさえておく必要もあります。

小山内： 劇場を映画館にするとか、ホテルを旅館にするとかですかね。

矢越： こうした類似の用途変更を行う場合は、確認申請が不要とされています。

小山内： 今回の法改正は、空き家の用途変更ですから、学校や体育館、映画館、百貨店等の特殊建築物の用途変更とはイメージが結びつかないのですが。

矢越： そうですね。でも、今までお話してきた、寄宿舎に該当するシェアハウスも立派な特殊建築物ですから、申請は必要ですね。でも、今回の改正で、申請が必要とされる規模が変わりました。現行では100㎡を超える場合でしたが、改正後は200㎡を超える場合となります。ただし、この改正が公布されてから1年以内の施行となります。

小山内： 200㎡というと戸建住宅の空き家のほとんどがその規模内におさまるから、事実上、その用途変更には建築確認申請は不要ということですかね。

矢越： また、3階建で200㎡未満の戸建住宅等を非住宅として使用する場合（例えば、①シェアハウスや民泊等の宿泊施設にするとき、②待機児童解消のための小規模保育や認知症患者のためのグループホーム等の福祉施設にするとき、③飲食店等の商業施設にするとき）は、在館者が迅速に避難できる措置を講じたならば、耐火建築物等にする工事が不要となりました。

小山内： 従来の考え方だと、不特定多数の人が頻繁に出入りを繰り返す建物は、公共性が高いために、特殊建築物と位置付けられ、地震や火災に強い、鉄筋コンクリート製等の頑丈な建物でなければならないとしていましたが、利用者が安全に避難できるならば、無理して建物にたくさんのお金を使って頑丈な物にしなくてもいいじゃないかと、ある意味、発想の転換をした感じですね。

矢越： 空き家を既存建築ストックと呼ぶように、このままだと、利活用されず放置された空き家が全国に溢れかえって収集がつかなくなると危惧したからではないでしょうか。

小山内： 安全に避難さえできれば、既存の建物への改修費用はかけなくてもよくなりますね。

矢越： 国交省の説明では、避難で役立つ措置の例として、ある部屋で火災が発生した場合に他の全ての部屋に連動して作動する警報装置等が紹介されています。

小山内： いち早く、他の部屋にいる人に危険を知らせて、迅速に避難できればいいという工夫ですね。

矢越： そうですね。特に複数の階数がある建物の場合は、階段が唯一の避難経路になりますから、階段が燃えてしまっては逃げるすべがなくなってしまいます。そこで、多数の人が共同で暮らすマンション等の共同住宅やシェアハウス等の寄宿舎は、避難経路に当たる階段や廊下と火災の発生元となる居住空間とを防火壁や防火扉で区画して、いざという時は、防火壁や防火扉が火を防ぎ、その間に人が階段から降りて、外へ安全に逃げるという構造にしています。

小山内： だから、マンションの各住居のドアや非常階段へ通じる扉が鉄製の重たい頑丈なものになっているんですね。

矢越： 防火壁には、規模が大きいマンション等では、耐震性や耐火性に優れた鉄筋コンクリート製や鉄製の壁等ですし、そうでない規模の場合は、木材の柱や壁に石膏ボード等の防火材が貼られています。

小山内： 用途を変更して、その用途にあった造りにしようとして、すべての壁を耐火性の壁にしたりしたら、まるで改築のような大工事になって、費用も莫大になってしまいますね。

矢越： そのとおりです。ですから、今回の法改正では、用途変更に伴う耐火建築物等にする大規模な工事を必要としないとしたのです。

小山内： ちなみに、用途変更の建築確認申請を必要としない規模を200㎡以下とした理由はなんですか。

矢越： 国交省の法改正の説明資料には、戸建住宅のストックが約2,800万戸あるらしく、それを面積別にみていくと、①100㎡未満が約3割、②100㎡以上〜200㎡未満が約6割、③200㎡以上が約1割の数になると書いています。

小山内： なるほど、だから、200㎡以下とすれば、戸建住宅の空き家の約9割が該当するわけですね。

耐火建築物等としなければならない特殊建築物の対象の合理化について

平成30年　建築基準法改正
1年以内施行（法第27条関係）

　今回の法改正の標題に関する概要説明によると、現行の制度では、「3階建以上の旅館や物販店舗等には、火災時の在館者の避難安全性を確保するため、「耐火構造」が義務付けられている。また、木造で「耐火構造」を実現する場合は相当の厚さの防火被膜が必要となるため、3階建の戸建住宅を転用しようとする場合、実質的には建替えに近い負担が生じている。」と課題をあげています。

　そこで今回の法改正における見直し内容（案）では、「小規模な建築物の場合、火災初期の性状は用途による差が小さい。従って、3階建についても、就寝用途について一定の措置を講じれば、小規模なものは迅速に避難が完了することから、耐火構造等としなくても良いこととする。」との見解を示しています。

　また、就寝用途を3階に設ける場合の措置については、「（1）避難確知が遅れる可能性があることから、警報設備を各居室等に設置」（法第27条）する。「（2）自力避難困難者がもっぱら利用する用途（グループホーム等）の場合、さらに、階段の安全確保措置（階段等の移動空間と居室との区画又は各居室等へのスプリンクラーの設置など）を確保」（法第36条）するとし、「警報設備や階段等について、確実な作動等を確保するため、適正な維持管理が必要」としています。

　これによって、「小規模な戸建住宅（3階建・200㎡未満）を旅館・物販店舗等に転用する場合、柱・はりなどの防火改修が不要となる。」としています。[※9]

　この具体的な内容の図示は、次のページのような感じになります。[※10]

[※9] 建築基準法の一部を改正する法律案改正概要（国交省）
http://www.mlit.go.jp/common/001237294.pdf
（最終閲覧日：平成31年2月20日）

戸建住宅等（3階建200㎡未満）を用途変更して利活用する場合

【これまでの考え方】

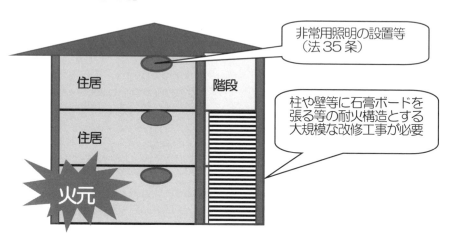

【改正後の考え方】

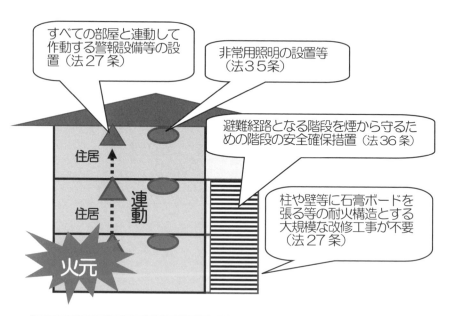

(※10) 建築基準法の一部を改正する法律案改正概要（国交省）を参考に作成
http://www.mlit.go.jp/common/001237294.pdf
（最終閲覧日：平成31年2月20日）

戸建住宅の用途変更別の措置内容のまとめ

今回の法改正で、戸建住宅等（3階建200㎡未満）を他用途に変更する場合は、下記のような在館者が迅速に避難できる措置を講じることを前提に、耐火建築物等にすることを不要とした。（法27条関係）

用途変更	措置内容	措置理由	規定
商業施設 ［飲食店・物販店等］	特段の措置は不要		
宿泊施設 ［シェアハウス・民泊等］	各居室に警報設備の設置等	就寝中の火災の逃げ遅れに配慮するため	法27条
	非常用照明の設置	避難経路を確保するため	法35条
福祉施設 ［小規模保育・グループホーム等］	各居室に警報設備の設置等	就寝中の火災の逃げ遅れに配慮するため	法27条
	非常用照明の設置	避難経路を確保するため	法35条
	階段の安全確保措置（階段等の移動空間と居室との区画又は各居室等へのスプリンクラーの設置など）	高齢者等の避難時間に配慮し、避難経路となる階段を煙から守るため	法36条

※警報設備や階段等について、確実な作動等を確保するため、適正な維持管理が必要

【空き家の利活用に関する法令等の主な改正の変遷】

平成27年3月31日まで	平成27年4月1日以降	平成30年法改正以降
窓先空地が必要	窓先空地が不要	窓先空地が不要
耐火建築物への改修が必要	耐火建築物への改修が必要	耐火建築物への改修が不要

※参考に東京都での変遷を書いてみました。

≪第1編第3章　確認メモ≫

※下記の（　　）の空欄を埋めてみましょう。

（1）戸建住宅等の空き家を利活用する際に、（　①　）が考えられ急速に広まったが、居住者の安全性に欠けた内容で貧困ビジネスに利用されたため、脱法ハウスとしてマスコミで騒がれた。

（2）国交省も（　①　）を建築基準法上の（　②　）というカテゴリーに該当すると通達を出し、その建物としての要件を満たさない場合には違反建築物としての取締りを始めるとした。そのため、廃業する業者が続出することとなったが、業界では、この通達の日付から（　③　）ショックと呼んでいる。

（3）法令に合致しない建物を建築する場合の違反建築とは異なり、建築当初は合法であっても、建築後、法令の改正や都市計画の変更等によって現行の法令とあわない部分が生じることがある。この状態を（　④　）という。

（4）国会でも（　①　）の問題が議論され、規制緩和が始まった。この規制緩和でもっとも重要なのが都条例等で規定されていた（　⑤　）の問題であった。これ以外の問題は建物の改修等を行えばほぼ解決できたが、この問題は敷地がないとどうにもならなかった。

（5）（　⑤　）が事実上撤廃され、50cm幅の屋外通路があれば良いことになったが、この幅員の根拠は民法234条の（　⑥　）50cm問題からきていると思われる。

（6）平成30年の改正建築基準法では、3階建200㎡未満の戸建住宅を他用途に変更する場合は、（　⑦　）が迅速に避難できる措置を行えば、（　⑧　）建築物等にする大規模な改修工事を不要とした。

（7）空き家問題の本質は、建築基準法第8条で規定されている（　⑨　）が、所有者等の少子高齢化や経済的な事情で適正に行われなくなったためである。

確認メモの解答は、P.20です。

第1編
建築基準法関連編

第4章　空き家の建替えのお話

空家法ができても民事的な問題が多くて行政の働きだけでは解決はできないです

山口係長

接道要件を満たしている場合

高橋主事

高橋： 第4章からは、空き家の利活用というよりも、既存の建物を除却して新しく建て直したい場合はどうなるかについてみていこうと思います。

山口： 空き家を一度除却して、更地から、全く新しい建物を造り直して、これまでと違った用途の建物を活用していく場合も、ある意味では、空き家の利活用と捉えることができますね。

高橋： 家を建て直す場合は、建築確認申請を特定行政庁、あるいは、民間の指定確認検査機関に提出して、建築確認が下りる必要があります。

山口： そうです。提出した建築計画が、建築基準法をはじめとする都市計画法や宅地造成等規制法等の建築基準関係規定と照らし合わせて適法と判断されれば、**確認済証**が交付されます。

高橋： この確認済証が交付されてようやく建築工事が開始できるのですね。

山口： 建築確認が下りていないのに、工事を始めた場合は、事前着工となって、違反取締の対象となります。

高橋： 宅建士の受験テキストにもありましたが、建築確認や**開発許可**等が下りていないのに物件の広告をしたり、建築確認申請中と表示して広告したりすることは違法でした。

山口： 建築工事には、第1章でもお話しましたが、法2条13号で、「建築物を新築し、増築し、改築し、又は移転することをいう」と規定されています。つまり、建築工事にはこれら4つの工事の意味があるので、これらの工事をする際は、必ず、建築確認が下りる必要があります。

山口係長

高橋： そして、ここで最も重要なのが、第2章でもお話しましたが、建築確認申請を提出して工事ができるためには、工事を行う敷地が、法43条の建築基準法上の道路に2m以上接道する要件を満たしていることでしたね。

山口： 建築基準法上の道路には、4m以上の42条1項道路と4m未満の42条2項道路の2種類がありました。

高橋： 単にその敷地が都道や区道等の公道に接しているから、法43条の接道要件を満たしていると判断していると、思い込んだらだめだということもありましたね。

山口： たとえ、公道であっても、建築基準法上の道路として指定を受けていない場合は、接道要件を満たさないので、注意が必要だとありました。

高橋： また、4m未満の42条2項道路に接道している場合は、特定行政庁が定めた道路中心線から水平距離で2m建築する敷地側へ後退した部分を道路境界線とみなし、現況の道路から道路境界線までの敷地を道路として扱われるため、建築物に付属する門・塀も建築物と扱われるため築造してはならないとしています。もしそれに反したときは、法44条によって道路突出違反として取締りを受けることになり、違反部分は除却対象となります。

山口： この道路境界線まで後退した敷地をセットバック部分と呼んでいますね。

高橋： セットバック工事は、原則、建築確認申請が必要な建築工事のときに実施されます。自治体によっては、条例で、公費により、セットバック部分を道路状に整備してくれるところもあります。

山口： セットバック部分が、公道に面している場合は、セットバック部分を敷地から分筆をして、自治体に寄付して、完全に公道の道路敷地を構成する敷地として組み込んでもらって、以後の維持管理をお願いすることができます。

高橋： 敷地にかかる抵当権を外す等の権利が整理できない場合は、自治体と無償使用承諾の取り交わしをして、名義変更はしないが、道路法4条の「私権の制限」の規定により、事実上、所有権を明け渡したに等しい感じで、セットバック部分に道路法の適用を受ける「区域変更」の手続きを経て、以後の維持管理を自治体にお願いすることもできましたね。

山口： それに対して、敷地が私道に面している場合は、私道自体が公道ではないため、自治体の関与がなく、セットバック部分は、必然的に敷地の所有者が私道として維持管理をしていくことになります。

高橋： 特に私道が2項道路だった場合は、セットバック部分は私有地のままであるため、敷地の所有者の所有権が100％及ぶことになり、行き交う車による家の被害を防止しようと、セットバック部分に建築基準法の適用を受けないチェーン・ポール等の工作物や天然の石等を設置して、車で通行する側とトラブルが起きてしまいます。

山口： この点、最高裁判決では、建築基準法上の道路は、その道路に面した敷地では建築工事が可能であることを認めているだけで、民事上の車の通行権を当然の権利として認めたわけではないとしています。

高橋： また、建て直しとなると、今までの建物が除却されて、場合によっては、敷地分割されて、分譲住宅としてこれまで1棟だったのが2棟以上になることもあります。

山口： その際、隣家との距離が縮まることになり、「隣地境界50㎝」の問題が勃発するケースが多くなります。

高橋： これについても、最高裁判決では、民法規定に従って、隣地境界線から50㎝離して家を造るべきだが、外壁が耐火構造の建築物を建築する場合は、隣地境界線に接して設けることができるとの判断を示しました。

山口： しかし、この「隣地境界50㎝」の問題は、建築工事が違反行為のものである場合以外は民事事項であるため、無料法律相談に繋ぐぐらいで、行政では直接この問題に関与することはありません。

高橋： 以上が、接道要件を満たした敷地で、建築確認申請に基づく建築工事で押さえておきたい事項ですね。

検査済証

山口： 既存の建物を除却して新築するのではなく、増築や改築する場合には、気を付けることがあります。

高橋： 接道要件以外になにかあるのですか。

山口： それは**検査済証**です。

高橋： ああ、新築工事を行った場合に、法7条の規定に基づいて完了検査を受けたときに

交付されるものですね。

山口：　はい。検査済証とは、この新築工事が法律に沿って適正に工事が行われ、出来上がった建物についても合法的なものですよとお墨付きを与える制度です。

高橋：　検査済証と増改築工事とどういった関係があるのですか。

山口：　建築確認申請の工事は、適法な建築物に対して認められる工事なので、もし、工事対象の建物が違反建築物だった場合は、確認申請ができません。

高橋：　でも、普通は、新築工事が終われば、みんなこの完了検査を受けて検査済証を貰っているんでしょ。

山口：　ところが、バブル崩壊の頃までは、実はこの日本国では、この検査済証の交付を受ける社会的な風土がなかったのです。

高橋：　ええっーー。

山口：　完了検査を受けて検査済証の交付を受けることが建築基準法で義務付けられているので、それを受けていないとなれば、ある意味、違反行為が蔓延していたことになります。

高橋：　それは信じられない事実ですね。

山口：　バブルは、土地・建物の転売に次ぐ転売によって生み出された神話です。それまで土地や建物については、自分たちが生涯住み続けるための家としか考えていなかったので、余計な費用がかかる検査や検査済証の交付は省略していた向きがあります。

高橋：　ところが、バブルが崩壊して、土地建物に融資をしていた金融機関が不良債権を抱え込んで大変なことになってしまったわけですね。

山口：　ですから、国交省も平成15年（2003年）2月24日付で、全国銀行協会、（社）全国信用金庫協会、（社）全国信用組合協会に対して、検査済証のないものには、ローンを組む等の融資は控えるようにという内容の通知（国住指第8310、8311、8312号）を出しました。

高橋： なるほど、だから今は、新築工事をした場合は、検査済証があるのが当たり前になっているのですね。

山口： 検査済証が交付されている新築建物は、完了検査を受けていることから、法律の基準に適合した問題のない物件となります。つまり、新築建物に対する違反取締は事実上ないことになります。

高橋： それに対して問題になるのが、検査済証のない建物が建築確認申請を受けて増改築したい場合ですね。あと、建築確認申請を受けなくてもできる工事として、木造4号建築物の大規模の修繕と大規模の模様替でしたね。

山口： 大規模の修繕や大規模の模様替の工事は、ある意味、もともと検査済証を受けられない違反建築物をリフォームと称して、行政の目の届かない形で行われる危険性が非常に高いのです。

高橋： ああ、それで、新築工事に違反がなくなった分、行政は中古物件のこうしたリフォーム工事に集中して違反取締を行うわけですね。

既存不適格

高橋： 検査済証がない建物が建築確認申請できないのは、どうしてなのですか。

山口： それは、その建物がもともと建築工事をしている段階から法律の安全基準から外れた違反建築物になったために完了検査を受けることができなくて検査済証がないのか、それとも、先ほどの理由から検査を単に受けなかったからなのかが分からないからです。

高橋： なるほど、もし、違反建築物だったら、増築や改築をした場合は違反の上塗り状態になって、さらに危険な建物になってしまうことになるから、それを防ぐために建築確認申請ができないのですね。単純に検査を受けていない場合はどうなるのですか。

山口： 検査済証の交付を受けていなくても、工事そのものが適法なもので、完成した建物も法律に沿った問題のない可能性があります。しかし、建築基準法は毎年のように改正に次ぐ改正が行われていますから、建築工事が行われた当時の基準と現在の基準とで乖離が生じている場合が考えられます。

高橋： 第3章でお話のあった既存不適格と呼ばれる建物ですね。

山口： 既存不適格に該当していれば、たとえ現行法令の安全基準と乖離していても違反とはなりません。また、法第10条規定のように、著しく保安上危険となる恐れがある場合以外は是正の対象とはなりません。

高橋： それだったら、検査済証のない空き家でも、既存不適格だと証明できたら、建築確認申請を受けて、増改築の工事ができるのではないですか。

山口： そういうことです。詳細は省きますが、一級建築士等の建築の専門家に見てもらって、空き家が違反ではないと分かれば、工事はできます。

高橋： そういえば、空き家を利活用する場合、用途変更する場合も、本来、建築確認申請が必要でしたね。

山口： そのとおりです。でも空き家のほとんどは、バブル以前に造られた古い建物なので、検査済証を受けていないパターンに該当していて、用途変更のための申請は事実上不可能となりますね。

高橋： ああ、それで、今回の法改正で、空き家の約9割以上の数を占める200㎡以下の戸建住宅で、用途変更に伴う利活用を行う場合は、建築確認申請を不要としたわけですね。

無接道敷地の場合

高橋： 今まで、接道要件を満たした敷地での空き家の建替え等についてみてきました。

山口： でも、空き家問題として不幸にして取り上げられている空き家の多くは、建築基準法上の道路に接道要件を満たしていない敷地にあります。

高橋： ということは、建築確認申請を提出して、建て直しや増改築ができないことになりますね。

山口： 空き家が木造4号建築物に該当していれば、大規模の修繕や大規模の模様替はできますが、新しくしたいとか、今よりももっと大きな規模の家に増築したいとかはできません。

高橋： こういう無接道敷地だと、建替え等の工事は全く不可能になるのですか。

山口： これについては、実はちゃんと例外措置を定めています。

43条ただし書きの改正

高橋： 例外措置というとどういうものですか。

山口： 法43条に規定されているただし書きと呼ばれているものです。実は、今回の法改正でこのただし書き規定が改正されました。

高橋： もうすでに改正されて施行されているのですか。

山口： 昨年（平成30年）の9月25日付で、これまでの規定が全文削除され、新たな規定に変わりました。

高橋： 従来の規定はどういうものだったのですか。それが分からないと何がどう変わったのか判断がつきません。

山口： 従来の規定は、先ず43条1項には、敷地が道路に2m以上接道していなければならないとする「接道要件」を規定していました。そして、その要件を満たさない場合の措置として、ただし書きがありました。規定には、「ただし、その敷地の周囲に広い空地を有する建築物その他の国土交通省令で定める基準に適合する建築物で特定行政庁が交通上、安全上、防火上及び衛生上支障がないと認めて、**建築審査会**の同意を得て許可したものについては、この限りではない。」とありました。

高橋： つまり、例外措置として、建築審査会の同意があれば、許可が出たわけですね。

山口： そうです。でもその許可を出す場合の前提が、建築審査会の同意です。建築審査会は、建築士や弁護士、大学教授、行政の職員等で構成される合議体です。いわゆる有識者の先生方に事例ごとにご判断を仰ぐ形になっています。

高橋： それで、今回の法改正では、どのように変わったのですか。

山口： これまで、43条の接道要件を満たさない場合は、建築審査会に諮って同意を得る必要がありましたが、一定の要件を満たすものについては、特定行政庁の認定を受け

れば足りることとなりました（法43条2項1号の認定制度）。この場合は、建築審査会の同意は不要です。しかし、認定の要件に該当しないものについては、従前どおり、建築審査会の同意を得て特定行政庁が許可することになっています（法43条2項2号の許可制度）。

高橋： そうすると、自治体は、2項1号の認定基準について、具体的なルール等を定める必要があるわけですね。ちなみに、認定制度で扱われる案件はどういったものですか。

山口： 分かりやすく話すと、国交省が定める基準に適合する幅員4m以上の道で、特定行政庁が交通上、安全上、防火上及び衛生上支障がないと認めるものに2m以上接道する敷地の場合です。

高橋： 具体的例をあげると、どういったものですか。

山口： 法43条の改正に伴って、建築基準法施行規則も変わりました。そしてその規則の第10条の3第1項から第3項までの規定を見ると、農道等の公共の用に供する道、又は位置指定道路の基準に適合する道であることが分かります。参考に東京都の建築基準法第43条第2項第1号の規定に基づく認定基準（30都市建企第699号、平成30年10月9日）を見ると、当該敷地と避難及び通行上支障がない道路とを有効に接続する幅員4m以上の通路として存在しており、その通路が、「管理者の占用許可、承諾又は同意が得られた水路」、「地方公共団体が管理する認定外道路等」、「都市計画事業等により、道路に供するため事業者が取得した土地」のいずれかに該当している場合としています。また、「地方公共団体から管理証明が得られた道」や「土地改良法第2条第2項第1号に規定する農業用道路」に該当する幅員4m以上の公有地等に当該敷地が2m以上接している場合としています。

高橋： つまり、道も4m以上あって、敷地も2m以上接道しているけど、たまたまその道が農道や水路等であるために、建築基準法上の道路として指定を受けていないことから、法43条の接道要件を満たしていないパターンですね。

山口： だから、その道路を建築基準法上の道路と見立てた場合、特に問題がなさそうとなれば、認定基準でもって、OKにすればということです。なお、先程の規則の第10条の3第3項を見ると、認定基準の対象となる場合の建築物の用途や規模は、「延べ面積（同一敷地内に二以上の建築物がある場合にあっては、その延べ面積の合計）が二百平方メートル以内の一戸建ての住宅であることとする。」としています。

無接道敷地の空き家を建替えする場合の道路工事について

　無接道敷地EとFに点在する空き家を除却して、新たに家屋を建て直す機会があるとすれば、開発行為等による宅地分譲が考えられます。

　もし、下図のような敷地を1つの建築計画の敷地として事業を行う場合、東京のような都市部の市街化区域であれば、敷地面積が500㎡以上で開発行為の対象となり、開発許可が必要となります（次のページ参照）。

　そして建築計画の敷地内（開発区域）に接道要件を満たす道路を新設しようとすると、それは開発道路となります。また、その開発道路が行政に帰属されることになれば、道路法の道路となる場合があります。一方、開発区域に接する建築基準法上の道路が、下図の右側のように4m未満の2項道路であるときは、斜線部分のようにセットバックが必要で、その敷地は帰属対象となります。よって、開発行為に伴うセットバック工事の費用は開発業者が負担することになります。

　しかし、仮に敷地が（A・B・E・Fで合計300㎡）と（C・Dで合計200㎡）の2つの建築計画の敷地であって、工事の時期も異なるものであるとすれば、開発行為に伴う事業とはいえません。

　この場合のセットバックの工事については、2項道路の拡幅整備条例がある自治体によって異なりますが、一般の2項道路の拡幅整備対象の事業として、行政に対して公費によるセットバック工事をお願いすることが可能となります。また、500㎡未満の敷地内であれば、新設する道路は開発道路ではなく、位置指定道路となります。

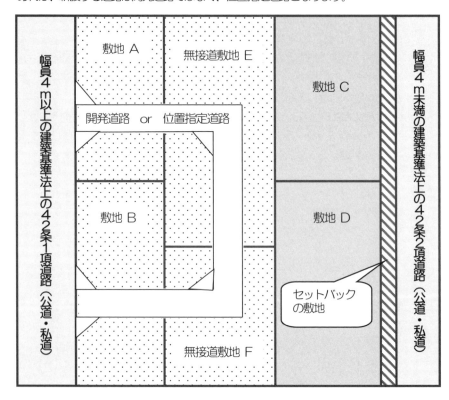

知っておきたい用語の説明

確認済証
特定行政庁又は民間の指定確認検査機関が建築確認申請の提出を受けて、建築計画が建築基準法をはじめとする建築基準関係規定と照らし合わせて、法令に適合していると確認し、それを証明するために交付する書類のこと。この確認済証が交付されるまでは仮囲いや現場事務所等の設置を除いて建築工事に着手できない。また、宅建業法33条では、不動産業者等は、開発許可や確認済証が交付されるまで、不動産広告をしてはならないと定められている。

開発許可
開発業者等が都市計画法に基づいて開発行為のための事前申請を行ったとき、知事等から得られる許可のこと。

開発行為
主として建築物の建築又は特定工作物の建設の用に供する目的で行なう土地の区画形質の変更のこと。ここでの特定工作物には、第1種特定工作物（コンクリートプラント等）と第2種特定工作物（ゴルフコース、1ha以上の墓園等）がある。また、土地の区画形質の変更には、宅地造成や道路の新設等に伴う土地の区画変更、農地の宅地変更等がある。

土地の区画形質の変更
都市計画法における開発許可となる宅地造成等のことで、次の3種類の行為が含まれる。①道路・水路等の公共施設を新設・廃止・移動することにより、土地の区画を変更すること、②土地の盛土・切土により、土地の形状を変更すること、③農地や山林等の宅地以外の土地を宅地にすること。

検査済証
建築基準法第7条第5項に規定されたもので、建築物及びその敷地が建築基準関係規定に適合していることを証する文書のこと。特定行政庁又は民間の指定確認検査機関から交付される。工事完了4日以内に完了検査申請を原則行うこととされ（同条第2項）、完了検査は用途変更を除くすべての工事に対して義務付けられている。また、検査済証の交付や仮使用の許可等を受けなければ、建物の使用が認められない（法第7条の6）。

建築審査会
建築行政の公正な運営を図るため、建築基準法第78条第1項に基づき建築主事を置く区市町村及び都道府県に置かれる附属機関のこと。この建築審査会では、建築物の許可に対する同意のほか、建築行政の処分に対する審査請求の裁決等を行っている。建築審査会は5～7人の各分野の有識者で構成されている。

認定制度
平成30年6月27日公布の建築基準法の改正によって、第43条のただし書きが削除され、第2項第1号として新たに創設された制度。従来許可として取り扱っていた無接道敷地における再建築の許可等の事項の一部について、法令の要件及びこの規定に基づき設けられた認定基準に適合した場合には認定するとしている。

開発許可が不要な規模について（下記の規模の場合は許可が不要となる）

市街化区域	市街化調整区域	非線引き区域	準都市計画区域	それ以外の区域
1,000㎡未満 ※一定の大都市では500㎡未満		3,000㎡未満		1ha（ヘクタール） （10,000㎡）未満

法43条のただし書きの改正によって
創設された認定制度ついて

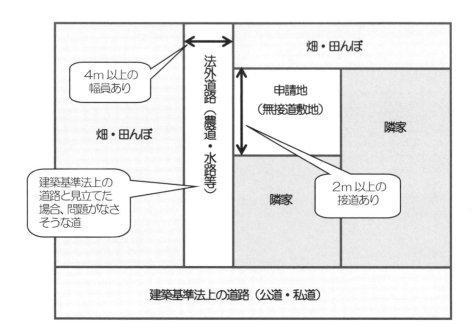

　平成30年の建築基準法の改正により、第43条第1項のただし書きの規定がなくなり、新しく第2項が創設された。この規定の第1号には、自治体独自で設けることができる認定基準により、無接道敷地における再建築等について認定する制度ができた。一方、同項の第2号には、これまでどおりの建築審査会の同意を得て許可する制度が残されている。

　なお、第1号の認定基準により認定された場合は、建築審査会の同意は不要となる。

　このため、空き家が無接道敷地に存在していたとしても、この第43条の規定による認定制度若しくは建築審査会の同意を得て許可された場合は、再建築等の工事が認められる。

　しかし、再建築が認められたとしても、それはあくまでも、その時だけに許可が認められた例外的な措置であるため、次の機会においても再建築が保障されたわけではない。

　また、本来、建築ができる要件を満たしていない敷地に再建築をすることになるので、耐震・耐火の性能の他、建物の高さや隣地境界線からの離隔等について厳しい条件を建築審査会から付せられる可能性が高くなる。

　よって、建物の規模が抑えられ、耐震・耐火等に要する建築コストの面でも覚悟が必要となってくる。

| 知って得するコラム　その6 |

都市計画法と建築基準法の関係について

　都市計画法は、日本の国土をより住みやすい街にするためにどのように都市開発していくか等を定めた法律で、建築基準法は都市計画法によって定められた地域内で安全で衛生的な居住空間を創設するために必要な建物や敷地等についての最低限の安全基準等を定めた法律。

1、都市計画法における日本の国土の分類

　　この法律では、一応、日本の国土が下記のような形で分類されていて、それぞれの区域に応じた都市計画を基に都市開発等が進められている。

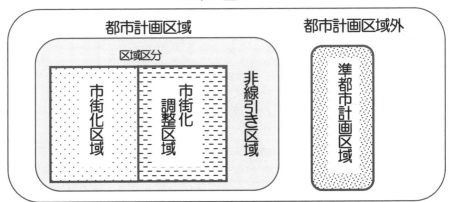

日本の国土

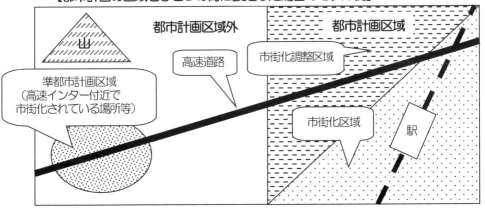

【都市計画の区域をひとつの街に設定した場合のモデル例】

2、都市計画の区域の説明

(1) 都市計画区域は、都道府県レベルで指定する。
(2) 2つ以上の都府県を跨ぐ都市計画区域の指定は、国交大臣が行う。
(3) 市街化区域と市街化調整区域の区域区分は、都市計画区域について無秩序な市街化を防止し、計画的な市街化を図るため必要があるときに区分する。

都市計画区域		法律の内容に基づき計画的に街づくりを推進する区域
	区域区分	都市計画区域を市街化区域と市街化調整区域とに区分する区域
	市街化区域	既に市街地を形成していて、概ね10年以内に優先的計画的に市街化を図る区域（積極的に街をつくる）
	市街化調整区域	市街化を抑制している区域（都市部付近でまだ田園等が残っているので街づくりは緩やかにする）
	非線引き区域	市街化区域でも、市街化調整区域でもない区域で、区域区分されていない区域（時代の流れをみて、とりあえず市街化は保留する）
都市計画区域外		都市計画区域でも準都市計画区域でもない区域（山林・原野等があり自然豊かな場所なので、とりあえず現状のままで市街化を保留する）
	準都市計画区域	都市計画区域外であるが、既に相当数の建物があり、このまま放置すれば、将来の都市整備や開発、保全に支障の恐れがある場合に指定される区域。この区域の全部又は一部が都市計画区域と指定された場合は廃止・変更される。（街の郊外だけど、将来の街の発展のために秩序を持って備える）

3、都市計画の区分と用途地域・建築基準法上の制限の関係

都市計画の区分		用途地域	建築基準法の制限
都市計画区域	市街化区域	住居系8種	接道要件や高さ、用途地域、建ぺい率、容積率、道路斜線等の制限が適用される。
		商業系2種	
		工業系3種	
	市街化調整区域	原則定めない	
	非線引き区域	定めることができる	
準都市計画区域		定めることができる	
都市計画区域外		定めない	

4、都市計画の区分と建築確認申請

都市計画の区分	建築確認が必要な建築物			
	建築物の種類	建築 新築・増築 改築・移転	大規模の 修繕・模様替	用途変更 200㎡を超える 用途変更
都市計画区域 準都市計画区域 知事が指定する区域	法6条1項1号 特殊建築物	必要	必要	必要
	法6条1項2号 大規模な木造建築物	必要	必要	不要
	法6条1項3号 大規模な非木造建築物	必要	必要	不要
	法6条1項4号 小規模な4号建築物	必要	不要	不要
都市計画区域外	法6条1項1号 特殊建築物	必要	必要	必要
	法6条1項2号 大規模な木造建築物	必要	必要	不要
	法6条1項3号 大規模な非木造建築物	必要	必要	不要
	法6条1項4号 小規模な4号建築物	不要	不要	不要

※上記の表では以下については省略する。

①防火地域・準防火地域における、10㎡以内の増築・改築・移転。

②エレベーター・エスカレーター等の設備。

③仮設建築物

④工作物

※都市計画区域外では、木造4号建築物に該当する空き家については、都市計画区域でみられた建築基準法の制限は受けず、新築等の工事も建築確認申請が不要となることが分る。しかし、建築基準法の内容に適合させる必要があることはいうまでもない。

≪第1編第4章　確認メモ≫

※下記の（　）の空欄を埋めてみましょう。

（1）空き家が接道要件を満たした敷地にある場合、建築確認申請をして増改築や再建築を行うことが可能となる。この場合、適正な建築確認申請の手続を行った証明として、（　①　）が交付される。この手続前に工事を行ったら、事前着工として違反の取締りを受けることとなる。

（2）平成15年（2003年）の国交省の全国の金融機関に対して、（　②　）のない新築工事物件についてはローンを組む等の融資は控えるようにと通知が出されたため、ほとんどの新築工事物件については、違反工事がなくなった。

（3）行政が違反の取締りとして取り組んでいるのが、建築確認申請が出せずに工事を行う無接道敷地での（　③　）や大規模の模様替の工事である。

（4）接道要件を満たしていても、（　②　）がない場合は、建築士等の専門家に既存不適格か否かの調査をして貰い、既存不適格に該当すれば建築確認申請をして増改築の工事や建物の用途変更を行うことができる。

（5）無接道敷地での再建築については、これまで43条但書規定に基づいて特定行政庁が（　④　）の同意を得て許可したものは、例外措置として認められていた。

（6）改正建築基準法では、43条但書規定がなくなり、代わりに2項を新設して、その1号に（　⑤　）を設けた。

（7）（　⑤　）は、既に4m以上の幅員を持つ水路や農道等に敷地が接する場合で、比較的に危険が少ないときに適用されるが、そうでない場合は、従来どおり建築審査会の同意を得て許可を与える制度を残している。

確認メモの解答は、P.20です。

第1編
建築基準法関連編

第5章　その他の改正された建築基準法のお話

空き家の有効活用を真剣に考えていかないといけない時代になったんですね

三輪さん

高橋： 先ず、空き家の利活用を見据えて、建築基準法が改正されたと聞きましたが。

山口： そうですね。「建築基準法の一部を改正する法律」（平成30年法律第67号）が本国会で成立して、平成30年6月27日に公布、9月25日に施行されました。

高橋： 今回の改正の概要はどういうものがあるのですか。

山口： 国交省の説明では、大規模火災や防火関連の技術開発をめぐる状況等を踏まえて、主な改正点の柱として3点をあげています。1点目は、建築物・市街地の安全性の確保。2点目は、既存建築ストックの活用。3点目は、木造建築を巡る多様なニーズへの対応です。以上は、公布後1年以内に施行されるもので、この他、3ヶ月以内に施行されるものとして、老人ホーム等における容積率の制限緩和等があります。

高橋： 2点目の既存建築ストックの活用が、空き家の利活用に関係するものですね。

山口： 空き家のことを既存建築ストックという表現にしていますね。

高橋： 具体的には、どんな点が改正されたのですか。

山口： 順番に説明しますと、先ず1点目の建築物・市街地の安全性の確保についてですが、**第8条**で建物の所有者や管理者等は建物が常時適法な状態にあるよう維持保全に努めるよう義務が課せられています。それを踏まえて、これまでホテルや劇場、店舗等の多数の人が利用する施設に求められていた維持保全計画の作成等が、大規模倉庫や工場等にも範囲が拡がりました。これは、平成28年12月に発生した糸魚川市の大規模火災や平成29年2月に発生した埼玉県三芳町の倉庫火災の甚大な被害を考慮して設けられたものです。次に、特定行政庁が保安上危険な建築物等の既存不適格建築物の所有者等に対して、予防的な観点から建築物の適切な維持保全を促すため、指導や助言ができる仕組みを創設しました。さらに、市街地における火災の危険を防除するために**防火地域・準防火地域**が定められていますが、その地域において延焼防止性能の高い建築物を建築する場合は、その**建ぺい率**の制限を10パーセント緩和することにしました。

高橋： これまでの既存不適格建築物への法律の関わり方が変わったということですね。

山口： 2点目の既存建築ストックの活用ですが。

知っておきたい用語の説明

第8条（建築基準法）
建築物の維持保全について定められた規定。建築物の所有者、管理者又は占有者は、その建築物の敷地、構造及び建築設備を常時適法な状態に維持するように努めなければならないとされているが、この規定は罰則を伴わない努力義務を謳った規定とされている。

防火地域・準防火地域
都市計画法（昭和43年6月15日法律第100号）第9条第21項で、市街地における火災の危険性を防除するために定められた地域。主に都市の中心市街地や商業施設等で建物が多く密集している所が対象となっていて、原則建物は耐火建築物等の造りでなければならない。

建ぺい率
建築物の建築面積の敷地面積に対する割合のこと。例えば、建ぺい率が60％だった場合は、100㎡の敷地に60㎡の建築面積の建物を建てることができる。

空家法
空家等対策の推進に関する特別措置法（平成26年11月27日法律第127号）のこと。この法律が成立したことによって、法律上初めて、空き家とはどういう状態のことかが明確となり、行政が是正措置に取り組むべき空き家の対象も明らかとなった。

第2条第2項の規定（空家法）
空家法の条文。行政が是正に取り組むべき空き家の状態を示している。

特定空家等
行政が空家法第14条等の規定に基づく是正措置を発動する対象の空き家で、①倒壊等著しく保安上危険となるおそれの状態、②著しく衛生上有害となるおそれのある状態、③適切な管理が行われないことにより著しく景観を損なっている状態、④その他周辺の生活環境の保全を図るために放置することが不適切である状態にある空き家等をいう。

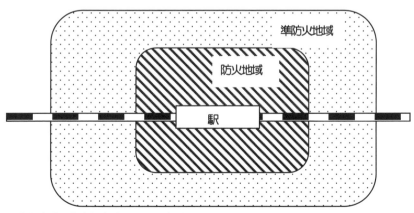

防火地域・準防火地域のイメージ図

高橋： いよいよ空き家の話ですね。

山口： 空き家の総数は、この20年で1.8倍に増加しているようで、その数を抑えるためには空き家の用途変更をし易くして、利活用させていくことが有効であると考えられたのでしょう。つまり、空き家を放置して、管理不全な状態となった迷惑空き家、**空家法**で行政による除却等の是正対象となってしまう、いわゆる**第2条第2項**で規定される**特定空家等**になってしまうよりは、既にある空き家を建物のストック（在庫、貯蔵、蓄積）資源としてみなして、積極的にその利活用の推進にあたった方が良いとの判断になったわけですね。

高橋： どんな利活用が期待されているのですか。

山口： 今回の法改正では、戸建住宅等（述べ面積200㎡未満かつ階数3以下）を他の用途、例えば、福祉施設や商業施設等とする場合は、在館者が迅速に避難できる措置を講じることを前提にすれば、耐火建築物にする等の大規模な改修工事をしなくても良いとしました。また、これらの工事に伴う建築基準法上の手続についても合理化することになりました。例えば、これまで特殊建築物と呼ばれる建物の用途変更の規模が100㎡を超える場合は、建築確認申請という手続が必要とされていましたが、今回の法改正によりその規模が200㎡までに見直されました。

高橋： ということは、現在、問題となっている木造2階建ての空き家のほとんどが、この200㎡未満の規模に該当するから、例えば、戸建住宅の空き家を用途変更して、グループホームや保育所等の福祉施設として利活用する場合、あるいは、飲食店や宿泊施設等とする場合も建築確認申請の手続が不要となったわけですね。

山口： そのとおりです。これは、平成29年6月9日に閣議決定された**未来投資戦略**に盛り込まれた内容がベースとなっています。空き家の積極的な利活用を推進する目的で、これまでの既存建築物を他の用途に円滑に転用するために建築規制の合理化を図ったと言えるでしょう。

高橋： 未来投資戦略ですか。　政府でそんな名前の戦略が練られているのですか。

山口： 名前だけ聞くとすごいことになっていると感じますが、実はこれからの日本の進むべきビジョンを多方面にわたって語られた会議なんですよ。

高橋： 例えばどんなことが語られているのですか。

知っておきたい用語の説明

未来投資戦略
　日本国政府の政府会議のひとつで、日本経済再生本部の未来投資会議で審議されている「未来への投資」の拡大に向けた成長戦略のこと。この会議では、構造改革の加速化についても審議されている。

日本再興戦略2016
　第2次安倍内閣以来続いている政府の経済成長戦略のこと。2013年、2015年、2016年と改定されている。2016年6月2日に閣議決定されたものとしては、働き方改革と生産性の向上がある。この他、非正規雇用労働者の待遇改善、最低賃金の引き下げ、高齢者雇用の促進、子育てや介護支援の充実等の政策が決定している。

CLT
　CLTとはCross Laminated Timber（クロス・ラミネイティド・ティンバー）の略称で、直交集成板の名称で呼ばれる。欧州で開発されたもので、木材の板の層を各層で互いに直交するように接層接着した厚型のパネル。日本では平成25年12月20日に日本農林規格（JAS）となっている。欧州では幅3m×長さ16m程度のサイズで製造されており、断熱性に優れ、高い耐震性を持つ。日本では、国産のスギでも、十分な強度を有するCLTパネルとして、新たな建築材料として需要が期待され、わが国の森林資源の有効活用として林業の再生にも繋がるとしている。

公共建築物等における木材の利用の促進に関する法律（平成22年法律第36号）
　第174回通常国会において成立し、平成22年5月26日公布、同年10月1日施行された。戦後造林された森林資源を有効活用するとともに減少する林業の再生を図るために作られた法律。公共施設で積極的に木材利用に取り組み、住宅等の一般建築物への波及効果を狙っている。

グラスウール
　断熱材・遮音材・吸音材等に用いるガラス繊維の短繊維のもの。

プレキャストコンクリート
　プレキャストコンクリート（Precast concrete）とは、プレコン、もしくはプレキャストと呼ばれるコンクリート製の建築資材のこと。工場等であらかじめ製造されて、現場で積み木のように組み立てられる。

木材の現し（あらわし）
　建物の柱や梁等の木材が使われた構造材・内装材・外装材を隠さずに見せる方法で建築すること。日本伝統の家造りでは、現在に残る古民家のように鉋（かんな）等によって木材を丁寧に削って美しく部材をひとつひとつ丹念に仕上げていた。当然費用は高額なものであった。しかし最近の住宅はコスト削減や耐火性能が求められるようになり、石膏ボード等の耐火建築資材で木材の柱や梁等の構造部を覆って隠蔽する方法が主流となっている。そのため壁に隠れて見えない柱等は構造力のみ要求され荒木のまま使われるようになった。

山口： 　正式には、「未来投資戦略2017－Society5.0の実現に向けた改革－」というタイトルが付いていますが、主なものをピックアップすると、①技術革新を活用した健康管理と病気・介護予防、自立支援に軸足を置いた、新しい健康・医療・介護システムの構築、ロボット・センサー等の技術を活用した介護の質・生産性の向上、②第５世代移動通信システム（5G）の実現・活用、安全運転サポート車の普及の促進、小型無人機（ドローン）等の産業利用の拡大に向けた環境整備、③世界に先駆けたスマートサプライチェーンの実現、④インフラの生産性と都市の競争力の向上等、⑤イノベーションのための環境整備等、⑥エネルギー・環境制約の克服と投資の拡大、⑦ロボット革命とバイオ・マテリアル革命、⑧既存住宅流通・リフォーム市場を中心とした住宅市場の活性化等がありますが、項目が大変多くて、とても全部ご紹介ができません。

高橋： 　へぇー。そんなに沢山あるんですか。ビックリです。でも聞いてみると、これからの日本が人口減少になって、日常の生活や産業等のあらゆる分野で人材不足になるのを見通して、世界に誇れる日本の科学技術力を総結集して、人がいないところを今流行のＡＩとか、通信技術やロボット等の最先端の技術力で医療も介護も積極的にカバーしていこうという感じですね。

山口： 　まさにそのとおりだと思います。

高橋： 　私たちに関係する空き家については、先ほどの⑧の項目ですね。

山口： 　⑧の項目には、２つの施策が掲げられています。１つ目は、既存住宅の流通促進・空き家対策等に向けて講ずべき施策。２つ目は次世代住宅の普及促進に向けて講ずべき施策となっています。

高橋： 　既存住宅の流通促進・空き家対策等に向けて講ずべき施策とあるから、空き家のリフォーム等をし易くして、売買や賃貸を通して住宅の流通市場に乗せやすくしたいという思惑があるように感じますね。

山口： 　そして建築基準法の改正についての３点目は、木造建築を巡る多様なニーズへの対応です。実は、これも平成28年６月２日の閣議で決定された**日本再興戦略2016**の林業の成長産業化という項目で述べられている内容がベースとなっていて、その中では、これまで木造によることの少なかった建築物等の木造・木質化の推進に向けて更なる施策を検討するとあります。

高橋： つまり、木造建築の耐震・耐火等の安全面の技術がとても進んだので、積極的に建築材料として木材を取り入れて、日本の林業を活性化していきましょうという狙いがあるのですね。

山口： そうです。そのためには、必要な性能を有する木造建築物の整備の円滑化を通じて、木造に対する多様な消費者ニーズへの対応や地域資源を活用した地域振興を図ることが必要とされています。その象徴的な位置付けにあるのが、2020年の東京オリンピック会場としての新国立競技場ですね。ここでも、国産材を積極利用しています。この背景には、やはりCLT（直交集成板）や木質系耐火部材等の新たな木材製品が開発されたことにあります。これらの新しい建築材料をどんどんと普及促進にあたるそうです。そして、これまで公共建築物や商業施設、マンション等の中高層建築物には、耐震・耐火に優れた鉄筋コンクリート造が主流でしたが、今後は、**公共建築物等における木材の利用の促進に関する法律**（平成22年法律第36号）の見直しを含めて、これらの建築物についても木造・木質化を推進していくとしていますよ。

高橋： すごい技術の進歩ですね。

山口： 今お話したことを背景に、建築基準法としては、中層木造共同住宅等の木造建築物等に係る制限についていくつか合理化が図られています。先ずは、耐火構造等とすべき木造建築物の対象を見直すことになりました。

高橋： 具体的にはどんな木造建築物が対象となるのですか。

山口： これまでは高さが13m超又は軒高9m超という木造建築物が対象でしたが、改正後は、高さが16m超又は階数4以上の木造建築物が対象となります。

高橋： ということは、この新基準に該当しない場合は、耐火構造等でなくてもいいということですね。でもですよ、いくら耐火構造等にするとしても、階数4以上の、つまり4階建て以上の木造の建築物なんて実際に造れるものなんですか。

山口： 先ほどお話したCLTという建築材料を使っていますが、日本と同じ地震国のイタリアでは、既に9階建ての木造建築物の集合住宅があるそうですよ。

高橋： へぇー。本当に木材で鉄筋コンクリートみたいな建物が出来るんですか。耐震性や耐火性は大丈夫なんですか。

山口： 素直に信じられないのは、正直、私も一緒なんですが。断熱性能としては「10cm厚のCLTパネル」と「1.2m厚のコンクリート」と「5cm厚の**グラスウール**」が同性能らしいです。火災実験を行ったところ、1,000度を超える室内の隣の部屋では18度だったらしく、CLTパネルは木材なのに熱を通しませんでした。[※11]

高橋： えっ。ウソみたい。

山口： CLTパネルと同じ大きさの**プレキャストコンクリート**のパネルと比べた場合、重さはなんと4分の1程度で、建物自体が軽くなるので、地震対策にも有益だそうですよ。

高橋： コンクリートに比べて軽くて丈夫で、それに火に強い。ということは、建築工事の面でもメリットがありそうですが。

山口： おっしゃるとおりです。CLTはパネルという板ですから、これまでの鉄筋コンクリートのように現地で基礎の上で型枠組んで、配筋して、生コン流して、乾燥させてという工程は不要となりますね。工場である程度加工して、現地ではパネルとして組み合わせて出来上がりです。

高橋： ということは、工期が随分と短縮できて、建設費用も抑えられそうですね。

山口： 今回の改正で、耐火構造等とすべき木造による中層建築物の対象が、高さ16m超又は階数4以上になったことを受けて、別の言い方をすると、建物が木造で高さ16m以下かつ3階以下ならば、あえて耐火構造等としなくてもよいことになりました。これまでの基準では、中層建築物の柱・壁等については、すべて耐火構造とすることが必要とされ、石膏ボード等によって防火被膜することで耐火構造を実現することを求められていました。しかし今後は、CLT等の耐震・耐火性能に優れた建築材料が開発されたこともあって、建築物全体の性能を総合的に評価することにより、これまでの石膏ボード等の利用による耐火構造以外の方法で建築が可能となりました。これによって、木材の柱や梁、壁等の木造美を堪能できる**木材の現し（あらわし）**が実現できるようになりました。つまり、木材の現し等の耐火構造以外の構造を可能とするように基準が見直されました。また、防火地域・準防火地域内において高い延焼防止性能が求められる建築物についても、内部の壁・柱等において更なる木材利用が可能となるよう基準が見直されました。以上が公布後1年以内に施行される内容の説明です。

[※11] CLT工法等についての記載　（CLT建築推進協議会のホームページを参照）
http://www.clt-kenchiku.org/wdoc/?q=grp02#h2docgrp02_18
（最終閲覧日：平成31年3月11日）

高橋： この他の3ヶ月以内の施行は、どのようなものですか。

山口： 老人ホーム等の共用の廊下や階段については、共同住宅と同様に、容積率の算定基礎となる床面積から除外するとしています。これ以外のことはここでは省略しますね。

主な木造建築物等の耐火性能に係る制限の合理化のまとめ

改正前	①耐火構造等としなければならない対象 　高さ13m超、又は軒高9m超 ②中層建築物の柱・壁等について、すべて耐火構造とすることが必要とされる。 ③木造の場合、石膏ボード等の防火被膜で耐火構造を実現している。 ④木造であることが分りにくく、木の良さが実感できないとの指摘がある。
改正後	①耐火構造等としなければならない対象 　高さ16m超、又は階数4以上 　　→　高さ16m以下かつ3階以下ならば耐火構造等としなくてよいとなった。 ②高さ16m超、又は階数4以上の中層建築物において構造部材である木材をそのまま見せる「現し（あらわし）」が実現 　　→　これまですべての柱・壁等が石膏ボード等で防火被膜して耐火構造としなければならなかったが、今後は建築物全体の性能を総合的に評価することにより、耐火構造以外の方法で建築が可能となった。これにより木材の柱や梁、壁等の木造美を堪能できる木材の現しが実現できることになった。 （現しを実現させるための工夫例） 　●通常より厚い木材により柱・壁等を造り、火災時も燃え残り部分で構造力を維持できるようにする。 　●消火措置の円滑化のための設計を施し、防火壁の設置により延焼範囲を限定したり、階段の付室（一定のスペース）を確保する。 ③防火・準防火地域の門・塀（2m超）における木材の利用拡大 　　→　これまで、不燃材料としなければならなかったが、今後は、一定の範囲で木材も利用できるようになった。

知って得するコラム　その7

主な木造建築物等の耐火性能に係る制限の合理化の図解について

① 耐火構造等としなければならない対象

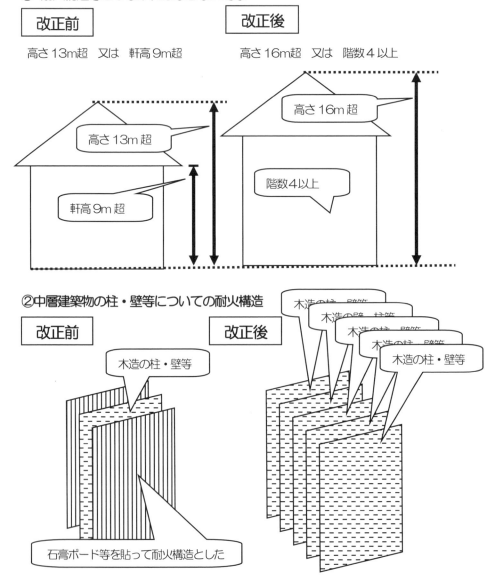

（1）改正前の取り扱い
　　木造の柱・壁等は耐火性能を上げるため、石膏ボード等により防火被膜される必要があった。そのため、木材の良さを実感できる家造りが少ないと指摘を受けていた。

（2）改正後の取り扱い
　　木材の柱・壁等を通常より厚くすることによって、火災時でも燃え残り部分を増やして、倒壊しない構造上の耐力を確保する。これにより、石膏ボード等で防火被膜せず、木材そのものを現して（あらわして）木材の良さを実感できる家造りを実現しようとした。
　　この木材の現しを担保するためには、消火措置の円滑化のための設計も必要とされ、延焼範囲を限定する防火の壁等の設置や階段の付室（一定のスペース）の確保等が求められている。

③防火・準防火地域の門・塀（2m超）における木材の利用拡大

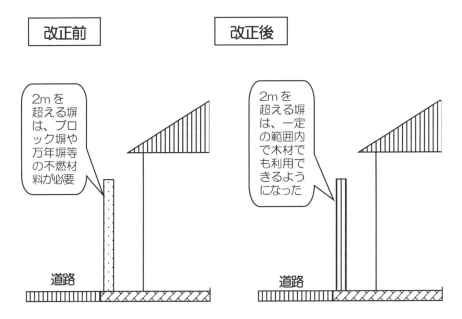

≪第1編第5章　確認メモ≫

※下記の（　）の空欄を埋めてみましょう。

（1）今回の法改正で、第8条において、ホテルや劇場、店舗等の多数の人が利用する施設に求められていた（　①　）の作成等が、大規模倉庫や工場等にも範囲が拡がった。。

（2）これまで所有者等に対しての民事事項として努力規定の位置付けにあった建物の維持保全義務について、保安上危険な（　②　）の建築物等の場合には、予防的な観点から指導や助言ができる仕組みが創設された。

（3）市街地には火災の危険を防除するために防火地域・準防火地域が定められているが、その地域内において延焼防止性能の高い建築物を建築する場合は、（　③　）の制限が10％緩和されることになった。

（4）今回の法改正は、空き家を放置して特定空家等と認定して除却等の是正措置を行うよりは、空き家を（　④　）と捉え、積極的に用途変更を行い、その利活用に推進した方が良いとの判断がなされた結果である。

（5）特殊建築物と呼ばれる建物の用途変更は100㎡を超えた場合に必要であったが、（　⑤　）㎡を超えた場合に見直された。これにより、ほとんどの空き家が建築確認申請なしで用途変更を行うことができるようになった。

（6）新しい建築資材として CLT が開発されたため、閣議決定された（　⑥　）戦略においても積極的に公共建築物等の建築に国産木材を利用していく方針が示された。

（7）木造の中層建築物における耐火性能に係る制限も合理化され、これまで石膏ボード等で柱や壁等を覆って耐火構造としなければならなかった点を通常より厚い木材により柱・壁等を造り、火災時も燃え残り部分で構造力を維持できる工夫をすることにより、柱や梁・壁等の木造美を堪能できる木材の（　⑦　）が実現できることになった。。

確認メモの解答は、P.20です。

第1編
建築基準法関連編

相続人不存在

町田さん

町田： 私の親が若い頃から親交のあった佐野さんという方に土地を貸していまして、佐野さんはその土地の上にご自分で一軒家をお建てになって、大好きなネコちゃんたちに囲まれてとても幸せにお暮しになっていたんです。ところが、ご病気になって、残念ながら3年ほど前にお亡くなりになってしまいまして。

山口： ああ、それは。それは。

町田： 私も佐野さんが大好きだったんですが。でもちょっと、問題がありまして、今日はそのご相談に伺いました。

山口： どういったことでしょうか。私たちにお役に立つことがあれば。

町田： 実はですね。佐野さんにはお身内がいらっしゃらないので、佐野さんが住んでいた家の処分で悩んでいるんです。

山口： 土地は、町田さんが相続されているんですね。

町田： そうです。親から相続したんですが、私は別のところに家を構えておりまして。

山口係長

山口： 佐野さんの相続関係人は現在のところ見つかっていない感じですか。

高橋主事

町田： はい。亡くなられてもう3年も経っていますので、このままずっと維持管理がなされないと、結局は廃屋になって、ご近所さんにご迷惑をおかけすることになるので、どうしたらいいものかと。

高橋： これからの日本は、少子高齢化の波で、どんどん相続されない家が増えてくるようですから大変ですね。

佐野さん（故人）

山口： つい最近ですけど、うちもこれと似たような事案がありまして、こちらで相続関係人を調査したんですよ。そうしたら、隣の区に遠縁の親戚の方が住んでいることが分かったんです。

高橋： 早速、うちの区に相続財産となる空き家があるのでご連絡下さいとお手紙をお出ししたら、ビックリされて、来庁されたんです。

山口： その方は、亡くなったお父様の家を相続された後、そこに現に住んでいて、自分にこういう家が相続財産としてあるなんて全く知らなかったと言われていました。

高橋： 亡くなったお父様の家だけが相続財産と思っていたので、他にこんな感じで知らせを受けてビックリしたと。これまで、全然、交流もしたこともない遠縁の方だったらしく、いきなり、維持管理や処分について考えて下さいと役所から言われても困るだけですと言われていました。

町田： そりゃそうですよ。維持管理も処分も、結局はお金がかかることだし。今のご時世、自分たちの生活に賄う資金を確保するだけでも大変ですから、それ以外のお金のかかるお話を受けても対応ができませんよ。

山口： これからは、自分の親の相続財産だけでなく、ある日突然、遠縁の親戚からの相続財産の話が舞い込んでくる時代になりそうですね。

高橋： 相続財産が、プラスのお金たっぷりの時はうれしいですけど、借金の塊だった時は困りますね。

町田： そういう時は、あれですよ。相続放棄するしかないでしょ。

山口： 迷惑空き家もある意味、マイナスの相続財産ですから、巷では、自分にとって不利益な不動産のことを、「負動産」と言われているようですよ。

相続放棄

町田： 相続放棄をする場合は、どうしたらいいんですか。

山口： 相続の開始があったことを知った時から3か月以内に家庭裁判所に相続放棄をする旨の申述を相続関係人の各人がそれぞれ単独で行う必要があります。

高橋： 相続放棄をした場合は、初めから相続関係人ではなかったとみなされますので、相続放棄をした者の子供や孫も相続権を失うこととなり、相続放棄をした者を飛び越えての子供や孫への代襲相続は認められなくなりますよ。

山口： 手続きは簡単です。相続放棄の申述書は、裁判所のホームページからダウンロードできますし、住民票や戸籍等の書類を添付し、収入印紙と連絡用の郵便切手を同封して、裁判所に提出するだけです。

町田： うーん。ところで、ちょっと気になるんですが。相続関係人から相続放棄された迷惑空き家はどうなっちゃうんでしょうかね。

高橋： そうですねー。この手続きは裁判所で非常に簡単に行うことができるため、空き家の維持管理や処分にお金をかけたくないと相続関係人に判断された場合は、初めから相続関係人ではなかったと法律上みなされ、また、その相続関係人の子供や孫も相続権が発生しない（代襲相続がなくなる）ことから、行政としては、空き家を適正に管理してねと指導する相手を失うことになりますね。

山口： 仮に、相続関係人の戸籍について親や祖父等の**直系親族**をさかのぼり、その兄弟から下がって現在の相続権のある人（**傍系親族**）を探そうとした場合は、建築や空き家の行政担当者レベルでの仕事としては荷が重すぎます。

高橋： やはり、弁護士や司法書士、行政書士等の法律の専門家にその調査を委託する必要性が出てくると思われます。

山口： 相続放棄が行われた場合の財産の行方についてですが、相続関係人がいないとなれば、つまり、相続人不存在となりますので、空き家等の残された財産は**相続財産法人**となります。その後、**利害関係人**や**特別縁故者**又は検察官の請求によって**相続財産管理人**が家庭裁判所から選任されて、管理されることになります。（第2編第4章にこの民法の特例制度が書かれています。）

高橋： そして、相続財産管理人がその空き家の相続関係を調査しても、やはり相続関係人が不存在であると確定した時は、民法の規定により**国庫帰属**の手続きを行うことになります。

知っておきたい用語の説明

直系親族
　親族のうち、世代が上下に直線的に連なっている親族のこと。具体的には曽祖父、祖父、父、自分、子、孫、ひ孫のような関係の親族。

傍系親族
　兄弟・姉妹やおじ・おばなど共通の祖先を通じて繋がる系統の血縁者のこと。これに対しての親族として、自分の配偶者の傍系血族及び自分の傍系血族の配偶者のことを傍系姻族という。

相続財産法人
　遺産を相続する人が誰もいない場合に相続財産が法人化すること。もともと天涯孤独の身の人で相続人がいない場合や、相続人がいたけれども全員が相続放棄をした場合、そのままの状態で遺産を放置しておくことはできないため、相続財産をまとめて法人化して管理することとなる。法人化された相続財産は、利害関係人や検察官の申出により、家庭裁判所で相続財産管理人が選任され、国庫帰属などで最終的には処分されることとなるが、管理人が選任されるまでの間は、相続放棄をした相続人は民法940条の規定により管理する義務を負う。

利害関係人
　被相続人（空き家所有者）の債権者、特定遺贈を受けた者、特別縁故者等のこと。空き家所有者が亡くなる前にお金を貸していた債権者は、空き家等の財産を処分してお金に換えて借金の返済を求めることになる。特定遺贈者は、空き家所有者から、遺言によって、相続財産のうち、ある特定の財産だけを指定を受けて、相続を受ける予定のある人。特別縁故者は次の用語説明のとおり。

特別縁故者
　亡くなった空き家所有者の介護等をして、所有者から生前、「自分には財産を相続させる人がいないし、あなたには随分と面倒になったから、感謝の気持ちとして私の財産を受け取ってくれ」と言われた人等。裁判所に申立てを行えば、所有者本人の意向に沿って財産を分けて貰うことができる。

相続財産管理人
　相続関係人の全員が相続放棄をして、誰も相続する人がいなくなってしまった場合のように、相続人が不存在となったとき、亡くなった空き家所有者の債権者への清算や特別縁故者への財産分与を行い、清算後に残った財産を国庫に帰属させる役割を持った者。家庭裁判所からは、利害関係人等に対して公平性を期すため、弁護士や司法書士等が選任されるケースが多い。

国庫帰属
　家庭裁判所への相続財産管理人の選任の申立てによって、利害関係人や特別縁故者に対して清算等が行われても処分されず残ってしまった相続財産が民法959条の規定により、国庫に帰属する（国の財産となる）こと。国庫帰属に関する手続は、財務省の「物納等不動産に関する事務取扱要領」（平成18年6月29日財理第2640号、平成28年6月23日財理第2094号改正）に記載されており、「当該財産が所在する区域を管轄する家庭裁判所等と協議の上、当該財産を財産管理人から引き継ぐものとする。」とされている。この点、著者が平成28年に電話で東京家庭裁判所（家事訟廷事件係）に直接問い合わせたところ、不動産については相続財産管理人に対し換価して欲しいと促しているため、相続財産管理人は土地・建物の売却を行って換金作業を行い、現金にて財務省に納金し、国庫帰属を終了させるパターンが一般的なようだ。しかし、現実には物納で済ませる事例もあるそうだ。

町田： ああ、やっぱり最後は国庫帰属になるんですね。

高橋： ただし、空き家の利害関係人が裁判所に申し立てをして相続財産管理人が選任されている以上、利害関係人への債権整理をする必要がありますよね。つまり、生前の空き家所有者に貸していたお金を清算して返してよという申し出についてです。

山口： また、利害関係人への清算終了後に、まだ、残余の相続財産があれば、特別縁故者からの請求を受け、財産分与の手続きに入ります。

高橋： 特別縁故者からの請求がない場合や特別縁故者への財産分与がなされてもなお残余の財産がある場合は、相続財産は国庫に帰属して、相続財産法人は消滅することになります。

町田： なるほど。空き家所有者に生前お金を貸していた場合等は、債権者は貸付金の清算のために、こうした利害関係人となって、空き家等の残された財産を処分するわけですね。

山口： でも、利害関係人等が裁判所へ申立てを行う際は、数十万円から100万円程の予納金が必要だそうですよ。その額は裁判所が事案の難易度に応じて決めるそうです。

高橋： 予納金は、相続財産管理人の報酬等の費用に充てられるようです。相続財産の清算が終了したときに予納金がもし残っていた場合は、利害関係人に戻ってくるそうですが、結局、予納金は相続財産の清算に必要な経費として利害関係人が立替えをする感じになりますね。

町田： じゃあ、利害関係人に予納金を支払う能力がなかった場合は、相続人不存在に伴う相続財産管理人の選任の申立てが難しくなりますね。

高橋： 利害関係人が予納金を支払えず、相続財産管理人の選任の申立てが行われない場合、相続財産法人となるべき空き家等の維持管理は、民法940条で、「相続放棄をした者は、その相続放棄によって相続人となった者が相続財産の管理を始めることができるまで、自己の財産におけるのと同一の注意をもって、その財産の管理を継続しなければならない。」と規定されているので、相続放棄をした人が行うことになります。

町田： 相続放棄したから、もう関係ないと言えないんですね。

高橋： これとは別に、利害関係人にとってもリスクがあります。

山口： せっかく、相続財産管理人が選任されて、空き家等の管理がされても、なかなか換価できなかった場合です。つまり、空き家が「死に地」と呼ばれるような無接道敷地にあって再建築不可とされる場合、当然、資産価値が低いですから、競売にかけても誰も買い取ってくれないことも考えられます。そうすると、換価まで時間だけがどんどんかかって、つまり、コストが増えて、ついには利害関係人が支払った予納金の額では足りない状態になってしまうことがあります。

高橋： 家庭裁判所では、予納金が枯渇したときは、利害関係人に対して追納を命じるようです。ただし、予納金については、法律で決められた制度ではないことから、相続財産管理人が、最終的に換価できたときに報酬が貰えればいいと言えば、予納金を無理して納めなくてもよいとする判断をした裁判所の例もあるとのことで、国庫帰属についても、金銭での納付だけではなく、土地そのものを財務省が受け取った例もあるようです。

町田： 空き家が「死に地」にあった場合は、相続放棄をする側も、利害関係人側も、お金の面で非常にリスクが高くなるというわけですね。

空き家等が相続財産法人となって消滅するまで

	空き家等の維持管理	相続放棄した者	利害関係人・特別縁故者・検察官	相続財産管理人
スタート	相続財産管理人が選任されるまで、相続放棄をした者が行う。（民940）	相続開始（自分に相続権があると知った日）から3ヶ月以内に家庭裁判所に相続放棄の申述書を提出。（民938）		
↓	利害関係人が支払った予納金で、相続財産管理人が行う。		相続財産管理人の選任の申立てを行い、予納金を裁判所に支払う。予納金が枯渇した場合は、裁判所から追納を命じられる。（法定制度ではない）	
エンド				相続財産法人を換価して利害関係人への清算や特別縁故者への財産分与を行う。
				相続財産法人に残余部分があれば国庫帰属を行う。
				相続財産法人の消滅

知って得するコラム　その8

1、空き家の相続放棄で困ってしまうケース（固定資産税）

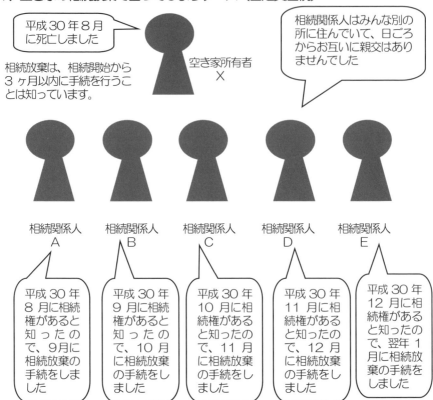

　その後、相続関係人Eの所に空き家所有者Xが居住していた市役所から、Xの固定資産税の納付書が届きました。Eは1月に相続放棄の申述書を家庭裁判所に提出しているのに。

　固定資産税の納税義務者の判断は、固定資産課税台帳で1月1日現在の課税基準日に登録されている人の名前で決まります。

　A～Dは平成31年1月1日以前に相続放棄の手続きを行っているので、EはXの現存する相続人として推定されてしまったのです。固定資産税の納税通知書が届いた人には、地方税法343条2項の規定により、納税義務があることになります。これは台帳課税主義と呼ばれるもので、市役所は機械的に相続権のある人を探して課税してしまうので、課税さ

れた人は納税しなくてはならなくなっています。これについての判例でもそういう見解となっています。

空き家所有者が亡くなった場合、相続権が自分にあることを知ってから3ヶ月以内に相続放棄の手続をすればいいと分っていたとしても、その亡くなった年のうちに相続放棄の手続をしないと、1月1日の課税基準日に現存する相続人と推定されて固定資産税台帳に登録され、課税される恐れがありますので注意が必要です。

2、空き家等の利害関係人が現れなくて困ってしまうケース

相続関係人が全員そろって相続放棄をした場合、相続財産の管理や処分は誰がするのかが問題となります。民法の仕組みでは、利害関係人や特別縁故者又は検察官が家庭裁判所に、相続財産管理人（弁護士・司法書士等）の選任の申立てを行い、管理人に相続財産の維持管理や処分をお願いします。

しかし、空き家が、「死に地」にあって、再建築できないような場合は、誰も買い手が付かず、そのためなかなか相続財産の換価ができません。また、それに伴って、管理人の活動費として充てられる予納金の支払いの方がコスト高になりそうだと判断されたときは、利害関係人が現れず、よって管理人も選任されないことになります。

そうした場合は、ずっと、空き家は処分されず、宙ぶらりんの状態となってしまいます。
一応、こうした事態を避けるために、民法では、相続放棄をした場合でも、相続財産管理人が選任されるまで、相続放棄者が維持管理に努める義務を負わせています。すると、相続放棄したにもかかわらず、維持管理を続けなくてはならないという理不尽さも出てきます。

ところが、空き家所有者が、生前から天涯孤独だった場合は、相続放棄する人ももとからいないことになるので、誰も維持管理をしないことになります。ある実際のケースでは、所有者には子供がおらず、90歳を超えて亡くなったので、親族はみな既にいなくなっていました。最後を看取った人は亡くなった配偶者側の遠縁の親族でしたが、姻族に当たるので相続権はありません。

こうしたケースでは、誰も管理しないので、空き家は廃屋となり、近隣住民にとっては環境悪化で悲劇です。複数の区議会議員さんも精力的に動いたのですが、結局長期にわたって放置されることになりました。その後の詳細は不明ですが、いつの間にか、除却され、敷地分割された上で、新しい家が3件、建売分譲として売られていました。

売却・除却での注意点

町田： 空き家を利活用しないとなると、売却若しくは空き家を除却することになりますね。

福島： 空き家対策の視点からすると、空き家とその敷地の売却や除却処分は最終的な手段と映ります。

町田： この本の巻頭にある空き家対策のロードマップにそって考えても、利活用ができない状況下であるなら、やむを得ない決断でしょう。

福島： 土地・建物を処分するときは、「道路に始まり、道路で終わる」と言われるように空き家を売却するとしても、その敷地がどのような道路と接道しているかによって資産評価が異なります。一般に、道路に接する敷地の辺長の長く、前面道路の幅員が広い場合は、不動産の価値が上昇する傾向にあるようです。

町田： そうですね。先ず建築する場合は、敷地に接する前面道路の道路斜線によって建物の高さが変わってきますから。低層住居専用地域のような建物の絶対高さ制限がある場合は別として、道路幅が広ければ、その分、建物の高さが緩和されます。

福島： あと建築基準法上の道路と指定されている道路の幅員が4m以上ある42条1項道路なのか、それとも4m未満の42条2項道路なのかで、敷地の有効宅地面積が変わってきますね。つまり、2項道路の場合は、特定行政庁が定めた道路中心線から2m後退したところまで道路としてみなされるため、敷地の一部を道路として提供しなくてはならないので建築面積が少なくなります。

町田： だから、42条1項道路に接する敷地は資産評価が高くなり、2項道路に接する場合は道路として提供しなくてはならない土地を含んでいるので資産評価が抑え気味となるわけですね。

福島： また、道路といっても公道か私道かでは全く資産評価が異なってきますからね。

町田： 民事上の通行権の話になりますが、私道の2項道路の場合は、近隣住民がセットバック部分の敷地に建築物に当たらない工作物（チェーン・ポールやコンクリート製の花壇等）が設置されても建築基準法上の違反とならないため、それが車の通行の支障となり、トラブルに発展してしまいます。なので、その意味からもやはり、私道の2項道路に接する敷地は扱いが難しいですね。

前面道路の幅員と建物の高さの関係

建物の敷地に接道する前面道路の幅員と関係があるのは、道路斜線である。

道路斜線とは、道路の日照や採光、通風に支障をきたさないように、また建物の周辺に圧迫感を与えないように定められた建物の高さの制限である。

この道路斜線は下の図のように、一般に敷地の前面道路の幅員によって決まる。また、道路斜線に加えて、昭和62年以降に追加された適用距離（建物が道路の対面から一定の距離を確保できていれば道路斜線の適用を免れるという制度）を設定すると、建物の高さは前面道路の幅員に影響されないで建築が可能となる。この適用距離のおかげで建物が斜めに切られることがなくなり、建物の景観が随分と良くなった。なお、適用距離の長さは用途地域や容積率によって異なるので注意が必要。

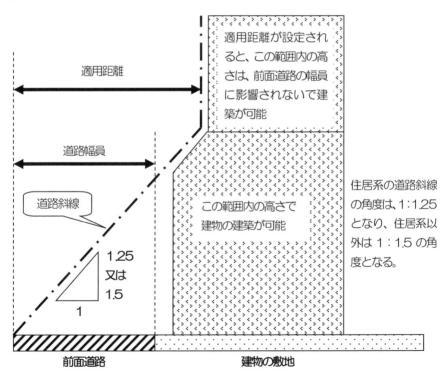

福島： それに敷地に接する道路そのものが建築基準法上の道路に指定されていないと、再建築等の工事ができないので、いわゆる無接道敷地として「死に地」扱いになり、不動産取引が大変難しくなります。

町田： たとえ不動産取引ができたとしても、足元を見られて非常に安く買い叩かれてしまう恐れが高くなります。

福島： 死に地で、ようやく再建築が認められた場合でも、建主が建築工事中に当該敷地と繋がる通路（法外道路）の所有者とトラブルを起こしたために、通路の所有者が大変ご立腹されて、とうとう水道等を引かせて貰えなくなり、結局、出来上がった家はそのまま居住できる状況とはならず、建物が完成したにも関わらず、引き続き新しい空き家で終わってしまった実際の事例もあります。

町田： 私道や法外道路の通路に接する敷地はこのようなリスクやトラブルが大変多いので、やはり安心して土地の取引ができるのは、4m以上の幅員がある区道などの公道（建築基準法上の42条1項1号道路）に接する敷地ということになりますね。公道であれば、水道やガス工事の掘削許可は行政の窓口で得られるので、建築工事後のインフラ接続は心配いりません。そのため、このような心配がいらない分、土地の値段は高くなりますね。

福島： 不動産の調査で、「道路に始まり、道路で終わる」とよく言われるように、土地の接道状態によって不動産の資産価値が決まるのですね。

町田： ところが、ハイリスクな私道等に接する敷地や無接道敷地でも価値を見出して買い取ってくれる場合もあります。当然、その場合は買取価格については希望に沿ったものにはなりませんが。

福島： そのパターンが、自称「地上げ屋さん」と言われる不動産業者による買取です。

町田： 周辺の無接道敷地をいくつも買い集めて、それを合筆し、一筆の大きな土地にして、建築基準法上の道路に接道させる敷地形態に整え、マンション等の建物が建築可能な状態にした上で大手の不動産デベロッパーに高値でその土地を売却する業者さんのことですね。

福島： 無接道敷地が故に、最初は二束三文の安い土地だったのを自称「地上げ屋さん」がいくつも買い集めて、それを大手の不動産デベロッパーに高く売り、そこにゼネコン

無接道敷地（死に地）での不都合

事例1

せっかく建物が完成したが、住める状況ではないので、そのまま新築の空き家となった

Aの敷地（無接道敷地）	C所有の通路（法外道路）	Cの敷地 Aのためのインフラ接続工事を認めなかった
隣家Bの敷地		

建築基準法上の道路（公道・私道）

事例2

無接道敷地A〜Dが地上げ屋さんに安く買い取られ、その後、買収された隣家Gの敷地と合筆して、建築基準法上の接道要件を満たしたので、共同住宅の建設が可能となった。

無接道敷地A 接道　×	無接道敷地C 接道　×	隣家Gの敷地 OK	建築基準法上の道路（公道・私道）
無接道敷地B 接道　×	無接道敷地D 接道　×		
隣家Eの敷地 接道　OK	隣家Fの敷地 接道　OK	隣家Hの敷地 接道　OK	

建築基準法上の道路（公道・私道）

　　　　が大規模なマンションを建設し、出来上がった高級マンションが一部屋5,000万円単位で売りに出されるというビジネスモデルが成立しています。当区でも、実際に空き家対策で除却が相当であろうと特定空家等に認定された建物がいつのまにか除却され、周辺の土地と合筆されてマンションに変わっていましたから。こうした時の民間の活力には脱帽します。

町田：　売却する時は、先ずは空き家の敷地と隣接する家に買い取ってもらうのが一番手っ取り早いですね。

福島：　でも、実際は、隣家の方にその資力がないケースが多く、無接道敷地の空き家がなかなか売却されず、放置され続けるパターンが多いです。

町田：　地上げ屋さんが活動してくれるケースは本当に限られているので、売却されず残ってしまうのが現状です。

福島：　次に空き家を除却するとしても、今度は税金の問題が発生します。

町田：　固定資産税の住宅用地の特例が解除され、これまで安く設定されていた税額が本来の額に戻ってしまいます。

福島：　この特例措置によって、住宅やアパート等の敷地で200㎡以下の部分の小規模住宅用地では、固定資産税は価格の6分の1、都市計画税は価格の3分の1になっていますので、除却すると、元の税額、つまり、固定資産税は現状の6倍に、都市計画税は3倍になるわけです。

町田：　ちなみに、国交省で、全国の空き家の規模を調査したところ、そのほとんどがこの200㎡以下の規模に収まると分りました。

福島：　空き家がすぐに除却されず、長年放置される一番の理由がここにあるのかも知れませんね。

町田：　自治体によっては、広域避難場所に指定された広場の周辺を燃えにくい建物に積極的に建替えていこうとする不燃化特区に指定された場合、その特区内の老朽家屋（昭和56年以前に建てられた木造住宅が対象）の除却費や建替え費用の一部を助成してくれるところもありますね。

福島： その特区では、除却後も5年間は固定資産税の税額がこれまでと同じ額で据え置かれることになるので、除却後の再建築を含めて、土地の活用方法を検討することができます。

町田： この他、空き家対策として、特区に指定されていない地域においても、一定の額を上限として、老朽化した木造住宅の除却費用を助成してくれる制度もあるようです。

福島： ところで、最近の総務省の調査で、自治体が特定空家等を行政代執行や略式代執行で除却する際の新たな問題点が浮かび上がっています。(※12)

町田： 除却された場合は、確か行政代執行法等で、空き家の所有者等へ費用を請求することになっていますよね。

福島： それについての問題が出てきたのです。普通、空き家を除却するとなると建物全部を解体して更地にしますが、あえてコンクリートの基礎部分を残す事例があるそうです。

町田： どうしてそんなわけの分らないことをしているんでしょうか。

福島： そもそも行政が代執行を行う理由は、空き家の所有者等が維持管理を怠って老朽化した空き家が倒壊等の危険が著しく高くなったからですよね。そこで、その危険を未然に防ぐ目的で代執行が行われるわけですから、その執行範囲も当然に必要最小限度で考えればいいことになりますよね。

町田： そのために、危険性の高い部分の空き家の建物部分は除却するけど、残っても危害とならない基礎は残すということですか。でも、古い空き家の場合は、地主から土地を借りて、空き家の所有者がそこに家を建てるパターンが多かったから、空き家が放置されて地代も滞っていた場合は、ある意味、土地所有者も被害者だから、基礎を残されたらかわいそうですよ。

福島： 基礎を残すことは土地と空き家の所有者が同じ場合でもされているようです。ただし、この基礎を残す部分については、空き家の所有者と土地の所有者が異なった場合は、除却における費用負担の在り方について、法整備も含めて、今後もっといろいろと議論していくことが望ましいかも知れませんね。

(※12) 空き家対策における自治体の苦慮・工夫（総務省HP　空き家対策に関する実態調査）
http://www.soumu.go.jp/main_content/000595205.pdf
（最終閲覧日：平成31年3月11日）

≪第1編第6章　確認メモ≫

※下記の（　　）の空欄を埋めてみましょう。

（1）空き家の相続関係人が相続放棄した場合や不存在となった場合は、空き家等の財産は（　①　）法人となる。

（2）空き家が（　①　）法人となって、国庫帰属されるには、空き家所有者の債権者や特別縁故者が（　②　）となるか、検察官が（　③　）の選任の申立てを裁判所に行う必要がある。

（3）法定制度ではないが、（　②　）が裁判所に申立てを行う際、（　③　）の活動費等に充てるため、数十万円から100万円程の（　④　）を裁判所に納める必要がある。

（4）相続放棄をした人は、（　③　）に引き継がれるまで、空き家等の管理を継続しなければならない。

（5）無接道敷地（死に地）に空き家等があった場合は、換価が難しくなり、裁判所に納めた（　④　）が枯渇することがある。そのときは、裁判所から追納を命じられる場合がある。

（6）空き家を利活用しないで売却する場合は、空き家のある敷地の接道する道路がどういう状態にあるかで（　⑤　）が異なる。

（7）前面道路の幅員によって、建物の高さを制限する制度を（　⑥　）という。この他、建物の高さを制限する制度としては、北側斜線や隣地斜線、日影規制、絶対高さがある。

（8）空き家を放置して行政から特定空家等と認定され、是正措置として勧告を受けた場合は、（　⑦　）税や（　⑧　）税の税額変更が行われる。

（9）相続放棄をした場合でも、課税基準日1月1日に相続権があり、課税台帳に登録された場合は、固定資産税等の納付をしなければならない。これは（　⑨　）と呼ばれるもので、役所は相続人を探し機械的に課税する。

確認メモの解答は、P.20です。

第1章から第6章までのお話のまとめ
(主に建築基準法の視点から空き家問題を捉えた場合の話)

1、空き家で問題とされる建物が、建築基準法の6条1項4号で規定される「木造4号建築物」に該当するか否かで対応が異なってくる。

2、木造4号建築物の規模は、法6条1項1号から法6条1項3号までの建築物以外のすべての建築物といわれているが、国交省の資料では、①木造2階建て以下、②延べ面積が500㎡以下、③高さ13m以下又は軒高9m以下とされている。
（非木造の4号建築物は、平屋、かつ、延べ面積200㎡以下とされている。）

3、国会でシェアハウス問題が取り上げられたことを契機に法令や都条例が見直され、戸建住宅の用途変更で一番のネックとなっていた窓先空地が不要となり、200㎡以下の規模であれば、50ｃｍ幅の屋外通路があればいい（100㎡以下の小規模の場合は、屋外通路も不要）となった。

4、今回の法改正で、空き家の規模が、述べ面積200㎡未満、かつ、階数3以下の戸建住宅の場合は、非住宅（福祉施設等）として利活用するときは、在館者が迅速に避難できる措置（火元の部屋と連動する火災警報装置等を設置）を講じれば、耐火建築物等への大規模工事を行わなくてもよいことになった。（公布から1年以内に施行）

5、戸建住宅の空き家の規模の約9割以上が200㎡以下であるため、空き家の利活用に伴う用途変更に必要とされる建築確認申請の規模が、これまで100㎡を超えるから200㎡を超えるへと見直された。（公布から1年以内に施行）

6、空き家の敷地が、建築基準法上の道路と接道していない、いわゆる、無接道敷地（死に地）にあって、建築確認申請に基づく増改築の工事ができない場合でも、空き家が木造4号建築物に該当すれば、建築確認申請が不要な大規模の修繕、大規模の模様替の工事ができる。

7、ただし、違法な増築や建築確認申請が必要な新築や改築に相当する工事をした場合は、必ず行政のチェック（建築監察：違反建築の取締）が入り、違法な部分や建物そのものについて除却命令等の是正措置を受けてしまうので、信頼できる建築士や行政の窓口で事前相談した方が良い。

8、新築や増改築工事をする場合は、建築確認申請が必要だが、そのためには工事箇所の敷地が建築基準法上の道路と接道要件を満たしていることが大前提となる。

9、建築確認申請に基づく建築工事には、検査済証の交付を受けている必要があるが、古い時代の建物は、完了検査を受ける社会的な風土がなかったために検査済証がない可能性が高い。

10、検査済証がない場合でも、その建物が違反建築ではなく既存不適格に該当するものであることが証明できれば、建築確認を受けて工事をすることが可能となる。

11、無接道敷地では、再建築が不可となるが、法43条の例外措置により、建築審査会の同意を得て許可されたものについては可能となる場合がある。

12、法43条は今回の法改正でただし書がなくなり、新しく2項が設けられた。この新規定には、従来の建築審査会の同意の他に自治体独自の認定基準による無接道敷地における再建築等についての認定制度を定めている。

13、空き家が放置される原因の一つに少子・高齢化に伴う相続関係人の不存在がある。

14、相続人が不存在となった空き家等は相続財産法人として扱われるが、その処分については特別縁故者を含む利害関係人若しくは検察官から行われる相続財産管理人の選任の申立が必要となる。

15、裁判所への相続財産管理人の選任の申立の際には、法定制度ではないが、申立を行う利害関係人が財産管理人の活動費や財産の管理費用に資される予納金（数十万円から約100万円）を裁判所に収める必要がある。

16、相続財産管理人は他に相続すべき人物が本当にいないかの公告等を行った後、空き家の売却などを行って換価し、利害関係人への借金返済や特別縁故者への財産分与を行う。

17、相続財産は、原則、裁判所の指導により換価されて清算される。そして清算を行ってもなお残った財産は、現金にて国庫に帰属されることになる。しかし、換価ができなかった場合でも、物納にて財務省に引き取って貰えたケースがある。

18、空き家の敷地が建築基準法上の接道要件を満たさない、いわゆる無接道敷地にある場合は、「死に地」の扱いとなり、売却などの処分が進まず、換価が難しくなる。

19、換価が進まない場合は、予納金が枯渇することになるので、利害関係人は裁判所からさらなる予納金の納入を命じられる。

20、無接道敷地での換価がはかどらず、予納金が嵩むばかりでメリットがないと判断される場合は、利害関係人による裁判所への申立そのものが行われなくなる可能性が高くなり、よって空き家は処分されず放置されることとなる。

第２編
空家法関連編

第１章　空き家所有者等の調査のお話

まさか私の家が迷惑空き家になるなんて思ってもみませんでした

佐野さん

空き家の現地調査

小山内： 自分の家の隣が放置空き家になったら、本当に、悲劇的です。そういう場合、空き家の所有者と直接交渉して事態を打開したいのですが、どうやって、空き家の所有者や管理者を調べたらいいのですか。

山口： そうですね。役所の調べ方としたら、先ず、現地調査になりますね。その際、近所の方々への聞き込みをします。住民の方から、空き家について相談を受けるときは、ほとんどのケースが、その相談者の隣家が空き家となっている場合が多いです。

福島： よくお話を聞いていると、長年にわたる空き家所有者等とのやり取り等があって、問題解決に役立つ情報を得ることができます。

山口： 例えば、「所有者は数年前に亡くなっていて、子供たちが、○○に住んでいる。」、「亡くなった所有者は、こういう商売をしていて、羽振りが良かった。子供たちも相続財産があり、経済的には恵まれているはずだ。」とか。

福島： 相談者である隣家の他にも、近隣の方に直接、色々聞き込みすれば、もっと多くの情報を得られますよ。例えば、「所有者と思われるおばあちゃんは、介護施設に入居していて、定期的に娘さんたちが面会に来ている。」、「年に何回かは、庭の掃除に来る時がある。」とか。

山口： 正直言って、この時点での情報で、件の空き家問題が解決できそうか否かの予想がついてしまうといっても過言ではありません。行政にとっての交渉相手が明確で、その相手が是正に必要な経済力をお持ちの場合は、問題解決について希望が持てます。

福島： 反対に、例えば、交渉相手が介護施設に入っていて、親族がいない、経済的な資力が乏しい場合は、解決は出来なさそうと分かるからです。

小山内： 隣家が空き家所有者と古くからのお付き合いがあるとはいえないから、ずっと前から住んでいる近隣の人たちに聞いてみるのは、確かに必要かもしれませんね。

写真撮影

山口： 写真は、民事上のトラブルが発生しているときは、必ず撮っておいた方が良いですね。空き家の構造物の一部が壊れて自分の家にぶつかって破損して損害が発生したよ

うな場合の証拠になります。また、行政にとっても写真は、空き家対策の是正前、是正後の証拠写真となりますし、空き家所有者等への指導の際に送付して、是正箇所を具体的に指摘することができます。

福島： ただし、私有地への立ち入りは、行政の立場である担当職員であっても、無断ではできませんので、十分に気を付ける必要がありますね。近隣住民から家宅侵入罪等で110番通報される危険もありますよ。

山口： 道路から、撮影できる場合は、そんなに問題となることはありませんが、空き家が周囲の建物に囲まれた状態の、いわゆる「囲繞地」にある場合は、周囲の建物の敷地を通過しないと空き家へとは辿り着けませんので、細心の注意が必要です。

福島： 場合によっては、相談者に先導してもらって、一緒にお話を聞きながら撮影した方がいいかも知れません。

登記調査

山口： 現地調査をした後は、すぐさま、登記調査をします。空き家の登記関係の書類は、法務省が管轄する各地方の法務局の出張所で入手できます。便宜上、この出張所のことを以下、「登記所」と呼ぶことにします。登記関係の書類を入手する際の手数料は、「登記手数料令第19条により納付しない。」というスタンプを申請書に押して公用申請するので免除されますが、申請書には、区役所の住所・電話番号、区長名と公印、申請部署の住所と部・課・係名と内線番号、担当職員の氏名、申請目的として、「空き家対策のため」と、記入しなくてはなりません。

高橋： また、申請受付窓口では、必ず自治体職員であることを証明する職員証の提示が求められます。申請書類には、①地図・各種図面用：地図・地籍測量図等の証明書・閲覧申請書、②不動産用：登記事項証明書・登記簿謄本・抄本交付申請書、③不動産用：登記事項要約書交付・閲覧申請書、④会社法人用：登記事項証明書・登記簿謄本抄本・概要記録事項証明書交付申請書が、あります。このうち、空き家調査でよく使うのは、①と②です。

登記書類の取り方

（公図の入手）
山口：　①の申請書で、当該地の公図を入手します。登記地番がこれで判明しますので、空き家の建物登記を入手できるようになります。ただ、土地の筆が複数分かれている場合や土地の登記と建物の登記が一致していない場合は厄介です。当該地の土地の登記地番で申請しても、目標とする建物の登記が「該当なし」で入手できないことが度々あるからです。

高橋：　原因は、建物が建築された時の土地の登記地番が、その後、時代が進むにつれて、分筆や合筆が繰り返され、土地の登記地番が変わってしまうためです。例えば、50年前は土地と建物の番号が同じだったのに、現在は全く異なっているケースがあります。

山口：　ここで具体的例をあげると、図1のように現在の建物の敷地の番号は「1－15」となっていますが、この番号で建物の登記を探しても、「該当なし」となります。なぜなら、建物の番号は、図2のように50年前と同じ「1－1」のままだからです。土地だけが変わっているのです。

高橋：　このようなときは、登記所の職員に協力してもらって、過去に遡って当該地における分筆・合筆の記録や旧公図等の資料に当たって調べて頂くしか方法がありませんね。

山口：　他の申請者で混雑する登記所で、このような手間のかかる作業に登記所の人員を割くことを依頼することには大変心苦しい場面もありますので、登記所との普段からのお付き合いを大切にして、こちらの立場と調査の趣旨を理解して、ご協力して頂ける人を作っておくなどの信頼に基づく人間関係の構築が最も重要となります。

（登記事項証明書の入手）
福島：　②の申請書で、土地と建物の登記事項証明書を入手します。公図で判明した番号を記入して申請すると、土地と建物の所有者に関する住所・氏名や所有権の持分等の情報が得られます。また、抵当権や差押、物納等の情報も得られます。

山口：　大概は、公図、土地の登記事項証明、建物の登記事項証明の3点で事は足りますが、敷地が複数の筆に分かれていた場合は、その状況に応じた部数が必要となります。この他、所有者が会社などの法人であった場合は、④の申請書で、会社法人の登記事項証明書を入手しましょう。参考ですが、③の要約書の申請書は、空き家対策ではほとんど使うことはありません。

図1　　　　　【現在の土地と建物】

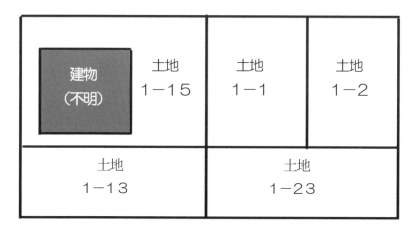

図2　　　　　【50年前の土地と建物】

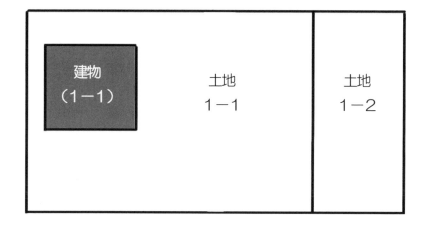

①の申請書 (※13)

地図・各種図面用	地　図　の　証明書　申請書
	地積測量図等　閲　覧

※ 太枠の中に記載してください

窓口に来られた人（申請人）	住　所　東京都千代田区霞が関1-1-1 フリガナ　ホウム　タロウ 氏　名　法務太郎						収入印紙欄

※地番・家屋番号は、住居表示番号（○番○号）とはちがいますので、注意してください。

種別 (レ印をつける)	郡・市・区	町・村	丁目・大字・字	地番	家屋番号	請求通数
1 ☑土地	千代田区	霞ヶ関	一丁目	1番1	1番	各1
2 □建物						1
3 □土地						
4 □建物						
5 □土地						
6 □建物						
7 □土地						
8 □建物						
9 □土地						
10 □建物						

（どちらかにレ印をつけてください。）
　□ 証明書　　　☑ 閲　覧

※該当事項の□にレ印をつけ、所要事項を記載してください。
☑ 地図・地図に準ずる図面（公図）（地図番号：　　　　　）
☑ 地積測量図・土地所在図
　　☑ 最新のもの　□平成　　　年　　月　　日登記したもの
☑ 建物図面・各階平面図
　　□ 最新のもの　☑平成16年6月11日登記したもの
□ その他の図面（　　　　　　　　　　　　　）
□ 閉鎖した地図・地図に準ずる図面（公図）
□ 閉鎖した地積測量図・土地所在図　昭和/平成　　　年　　月　　日閉鎖
□ 閉鎖した建物図面・各階平面図　昭和/平成　　　年　　月　　日閉鎖

収入印紙は割印をしないでここに貼ってください。
（登記印紙も使用可能）

交付通数	交付枚数	手数料	受付・交付年月日

(乙号・4)

（出典：法務局のホームページ）

(※13) 地図　地籍測量図等の証明書　閲覧　申請書
http://houmukyoku.moj.go.jp/homu/content/000130853.pdf
（最終閲覧日：平成31年2月20日）

②の申請書 (※14)

| 不動産用 | 登記事項証明書 登記簿謄本・抄本 交付申請書 |

※ 太枠の中に記載してください

住所	東京都千代田区霞が関1-1-1
フリガナ	ホウム タロウ
氏名	法務太郎

収入印紙欄

※地番・家屋番号は、住居表示番号（○番○号）とはちがいますので、注意してください。

種別（レ印をつける）	郡・市・区	町・村	丁目・大字・字	地番	家屋番号又は所有者	請求通数
1 ☑土地	千代田区	霞ヶ関	一丁目	1番1		1
2 □建物						
3 □土地						
4 □建物						
5 □土地						
6 □建物						
7 □土地						
8 □建物						
9 □財団（□目録付）□船舶 □その他						

収入印紙

収入印紙

（登記印紙も使用可能）

収入印紙は割印をしないでここに貼ってください。

※共同担保目録が必要なときは，以下にも記載してください。
次の共同担保目録を「種別」欄の番号＿＿＿＿＿番の物件に付ける。
□現に効力を有するもの □全部（抹消を含む）□（　）第＿＿＿＿号

※該当事項の□にレ印をつけ，所要事項を記載してください。
☑ 登記事項証明書・謄本（土地・建物）
　　専有部分の登記事項証明書・抄本（マンション名＿＿＿＿＿＿＿＿＿＿）
　　□ただし，現に効力を有する部分のみ（抹消された抵当権などを省略）
□ 一部事項証明書・抄本（次の項目も記載してください。）
　　共有者＿＿＿＿＿＿＿＿＿＿＿＿＿＿＿に関する部分
□ 所有者事項証明書（所有者・共有者の住所・氏名・持分のみ）
　　□所有者　□共有者
□ コンピュータ化に伴う閉鎖登記簿
□ 合筆，滅失などによる閉鎖登記簿・記録（昭和／平成＿＿年＿＿月＿＿日閉鎖）

交付通数	交付枚数	手数料	受付・交付年月日

（乙号・1）

（出典：法務局のホームページ）

(※14) 登記事項証明書　登記簿謄本・抄本　交付申請書
http://houmukyoku.moj.go.jp/homu/content/000130851.pdf
（最終閲覧日：平成31年2月20日）

③の申請書(※15)

| 会社法人用 | 登記事項証明書 登記簿謄抄本 交付申請書 概要記録事項証明書 |

※ 太枠の中に書いてください。

窓口に来られた人 (申請人)	住　所	東京都千代田区九段南一丁目1番15号	収入印紙欄
	フリガナ	コウノ　タロウ	収入 印紙
	氏　名	甲野　太郎	
商号・名称 (会社等の名前)		法務商事株式会社	
本店・主たる事務所 (会社等の住所)		東京都千代田区霞ヶ関一丁目1番1号	収入 印紙
会社法人等番号		0101-01-000001	

※ 必要なものの□にレ印をつけてください。　※分かっている場合には、記載してください。

請　求　事　項	請求通数
①全部事項証明書（謄本） ☑　履歴事項証明書　（閉鎖されていない登記事項の証明） □　現在事項証明書（現在効力がある登記事項の証明） □　閉鎖事項証明書（閉鎖された登記事項の証明）	1通
②一部事項証明書（抄本）　　※ 必要な区を選んでください。 □　履歴事項証明書　　□　株式・資本区 □　現在事項証明書　　□　目的区 □　閉鎖事項証明書　　□　役員区 　　　　　　　　　　　　□　支配人・代理人区 ※商号・名称区及び会社・法人状態区 は、どの請求にも表示されます。 （氏名　　　　　　　　　） （氏名　　　　　　　　　） □　その他（　　　　　　　）	通
③□代表者事項証明書　　（代表権のある者の証明） ※2名以上の代表者がいる場合で、その一部の者の証明のみを請求するとき は、その代表者の氏名を記載してください。（氏名　　　　　　　）	通
④コンピュータ化以前の閉鎖登記簿の謄抄本 □　コンピュータ化に伴う閉鎖登記簿謄本 □　閉鎖謄本（　　　　年　　月　　日閉鎖） □　閉鎖役員欄（　　　　年　　月　　日閉鎖） □　その他（　　　　　　　　　　　　　　）	通
⑤概要記録事項証明書 □　現在事項証明書（動産譲渡登記事項概要ファイル） □　現在事項証明書（債権譲渡登記事項概要ファイル） □　閉鎖事項証明書（動産譲渡登記事項概要ファイル） □　閉鎖事項証明書（債権譲渡登記事項概要ファイル） ※請求された登記記録がない場合には、記録されている事項がない旨 の証明書が発行されます。	通

収入印紙は割印をしないでここに貼ってください。（登記印紙も使用可能）

交付通数	交付枚数	手数料	受付・交付年月日

(乙号・6)

（出典：法務局のホームページ）

(※15) 登記事項証明書　登記簿謄抄本　概要記録事項証明書　交付申請書
http://houmukyoku.moj.go.jp/saga/content/000134609.pdf
（最終閲覧日：平成31年2月20日）

④の申請書 (※16)

不動産用	登記事項要約書交付 申請書
	閲覧

※ 太枠の中に記載してください。

	住　所	東京都千代田区霞が関1-1-1				収入印紙欄
	フリガナ	ホウム　タロウ				収入印紙
	氏　名	法務太郎				

※地番・家屋番号は、住居表示番号（○番○号）とはちがいますので、注意してください。

種別(レ印をつける)	都・市・区	町・村	丁目・大字・字	地　番	家屋番号又は所有者
1 ☑土地	千代田区	霞ヶ関	一丁目	1番1	
2 □建物					
3 □土地					
4 □建物					
5 □土地					
6 □建物					
7 □土地					
8 □建物					
9 □財団（□目録付） □船舶 □その他					

※該当事項の□にレ印をつけ、所要事項を記載してください。

☑ 登記事項要約書
　※特定の共有者に関する部分のみを請求するときは、次の項目も記載してください。
　□ 共有者＿＿＿＿＿＿＿＿＿＿＿＿に関する部分
　□ マンション名（＿＿＿＿＿＿＿＿＿＿）
□ 登記簿の閲覧
□ 閉鎖登記簿の閲覧
　□ コンピュータ化に伴う閉鎖登記簿
　□ 合筆、滅失などによる閉鎖登記簿・記録　平成＿＿年＿＿月＿＿日閉鎖
□ 登記申請書・添付書類の閲覧（閲覧する申請書の受付年月日・受付番号を記載してください。また、利害関係のある方しか閲覧することができませんので、利害関係を記
　受付年月日・番号：平成＿＿年＿＿月＿＿日受付第＿＿＿＿＿＿号
　利害関係：＿＿＿＿＿＿＿＿＿＿＿＿＿＿＿＿＿＿＿

収入印紙は割印をしないでここに貼ってください。
（登記印紙も使用可能）

交付通数	交付枚数	手数料	受付・交付年月日

（乙号・2）

（出典：法務局のホームページ）

(※16) 登記事項要約書交付　閲覧　申請書
http://houmukyoku.moj.go.jp/saga/content/000134607.pdf
（最終閲覧日：平成31年2月20日）

高橋：　④の申請書ですが、違反建築の是正措置のために、指導相手の違反建物の所有者を確定させるときに使用することは稀にありますよ。

山口：　共同住宅の場合は、複数の所有者がいますので、個別に②の申請書で、土地・建物の登記を取ろうとしたら非常に多くの枚数となって、登記所の職員にも大変な負担をかけてしまいます。

福島：　その場合は、一覧表形式で、大まかな内容でいっぺんに複数の所有者の情報が盛り込まれた要約書を申請します。

住民票・戸籍の入手

山口：　登記情報で所有者の氏名・住所が現在も同じかを確認するために、住民票を取り寄せます。所有者が区内の居住している場合は、住民記録担当のところで、住民票の閲覧申請をして、紙台帳のデータを探ります。所有者の氏名が確認できたときは、公用申請で住民票を入手します。

高橋：　入手する場合は、世帯全員分の住民票で、続柄・本籍地が記載されたものにします。本籍地が分かれば、所有者の戸籍を入手できますので、将来の相続人となる家族関係も把握できます。

山口：　しかし、所有者が死亡・転出していて、その時期が５年以内であれば、上記の方法で、住民票の除票や転出先の住民票、戸籍、戸籍の付票を入手できますが、５年を経過していた場合は、次のページの住民基本台帳法施行令の規定により、データが保存されないので、そこで調査不能となります。

高橋：　空家法が成立する前は、これが原因で、調査が止まっておりました。これについては、次ページのような国交省のホームページでも同様な調査についての不都合を訴える記事があって、①自治体に運用の改善を依頼し、②住民基本台帳法施行令の保存期間の延長を求める検討がなされています。

山口：　空家法が成立したおかげで、固定資産税に関する調査方法が確立されたので、これまで棚上げとなっていた物件についても、調査を再開できるようになりました。

> 住民基本台帳法施行令（昭和42年9月11日政令第292号）
>
> （保存）
> 第34条　市町村長は、第8条、第8条の2、第10条若しくは第12条第3項の規定により消除した住民票（世帯を単位とする住民票にあっては、全部を消除したものに限る。）又は第19条の規定により全部を消除した戸籍の附票を、これらを消除した日から**5年間保存する**ものとする。第16条（第21条第2項において準用する場合を含む。）の規定に基づき住民票又は戸籍の附票を改製した場合における改製前の住民票又は戸籍の附票についても、同様とする。

（出典：国交省のホームページ）

(※17)

(※17) 住民票の除票等の交付の運用
https://www.mlit.go.jp/common/001112700.pdf
（最終閲覧日：平成31年2月20日）

固定資産税の調査

高橋： 空家法の最大のメリットと断言してもいいほどの規定が、この第10条です。空き家問題は、正直、行政と所有者等とが直接交渉できるような状況となれば、ほぼ解決できます。これまで、解決できなかった事例の多くは、所有者等の特定とその居住先等が不明であったケースでした。

山口： その理由は、①登記簿は既に死亡した所有者の名前だけが残っている状況であり、②登記簿に記載された住所も住民票が住民基本台帳法施行令の規定によって、死亡又は転出で5年が経過した者の情報が抹消されることとなっているため、③住所を追って所有者等の居住先に辿りつくことが不可能であったからでした。

高橋： ところが、空家法のこの規定によって、空き家の固定資産税を納付している人の情報が得られることになったので、実質的な空き家の管理者等と行政とが交渉できる場面となりました。

山口： また、都税情報以外の情報、例えば、介護保険のサービスの利用者に関する情報も同条第3項の規定で介護保険課に情報開示請求を行って、所有者や相続関係者が入所している老人ホーム等の介護施設を特定できるようになりました。当区では、事前に国交省に問い合わせをして、介護サービスの情報提供が得られるかの確認を行っています。

高橋： 空家法の成立後、何度か都税事務所との打ち合わせ会を持ち、都の主税局からの通知内容に基づき申請様式を定めた上で、固定資産税情報の開示請求を行っています。

山口： 都税事務所には、空き家等の所有者について情報が乏しく、困難なケースになりかかった場合であっても、申請の度ごとに迅速な開示手続にご協力を頂き、大変助かっています。

高橋： 当区としては、平成27年5月から開示請求で都税事務所にお世話になっていますが、平成29年3月まで22件の開示申請を行い、そのうち14件が、建物の除却・建替え等の成果に繋がりましたよ。

小山内： 役所では、空家法に基づいて固定資産税の調査ができるとわかりましたが、私たち空き家の隣家被害者のような一般の住民はこのような調査をどうすればいいんですか。

山口：　一般の住民の方による調査方法としては、都税事務所や市町村の固定資産税課で空き家の固定資産評価証明書を入手すると納税者の氏名や住所が記載されています。一応その年の1月1日の課税基準日に役所は所有者又は相続関係人と思われる人を課税台帳主義に基づいて機械的に課税台帳に登録します。それによって登録された人は納税することになるので、その人が真の所有者か相続関係人かは確定できませんが、証明書に記載された住所地の役所から納税者の住民票を取り、さらに住民票に記載された本籍地から戸籍を取り寄せ、証明書に記載された人と連絡を取る方法も考えられます。

福島：　固定資産税評価証明書は、納税者の個人情報の保護の観点から、納税義務者や法令等に基づく正当な理由を有する方が、本人若しくはその代理人（弁護士等）が本人からの委任状や本人確認のための身分証明書に加えて賃貸借契約書や訴状等を提示して申請することになります。

高橋：　でも、一般の方が他人の住民票や戸籍を入手することはできませんので、行政書士や司法書士、弁護士等の法律の専門家にお願いするしかないですね。

空家法
（空家等の所有者等に関する情報の利用等）
第10条　市町村長は、固定資産税の課税その他の事務のために利用する目的で保有する情報であって氏名その他の空家等の所有者等に関するものについては、この法律の施行のために必要な限度において、その保有に当たって特定された利用の目的以外の目的のために内部で利用することができる。
2　都知事は、固定資産税の課税その他の事務で市町村が処理するものとされているもののうち特別区の存する区域においては都が処理するものとされているもののために利用する目的で都が保有する情報であって、特別区の区域内にある空家等の所有者等に関するものについて、当該特別区の区長から提供を求められたときは、この法律の施行のために必要な限度において、速やかに当該情報の提供を行うものとする。
3　前項に定めるもののほか、市町村長は、この法律の施行のために必要があるときは、関係する地方公共団体の長その他の者に対して、空家等の所有者等の把握に関し必要な情報の提供を求めることができる。

≪第2編第1章　確認メモ≫

※下記の（　）の空欄を埋めてみましょう。

（1）空き家の現地調査を行う場合は、（　①　）への聞き込みが必要不可欠である。これから得られた情報によって、ある程度、空き家問題を解決できるか否かの目処がついてしまう。

（2）現地調査を行った後は、登記所で先ず、土地の区割りを示した（　②　）を入手して、調査する敷地を確定させる。次に土地と建物の（　③　）を入手して、所有者の住所や氏名を確認する。

（3）所有者の住所や氏名が判明したら、（　④　）を取り寄せ、本籍地を確認する。次に戸籍も取り寄せ、相続関係人を調査する。これにより空き家を実質的に管理している人が分れば、是正指導に入る。

（4）しかし、登記所で（　③　）を見ても、相続登記がなされていないために、亡くなった所有者の情報のままで放置され、現在の真の所有者に辿りつけない状態となって、是正指導がなかなかできない。

（5）また、（　④　）を取り寄せようとしても、記載されている人物が死亡又は転出して（　⑤　）年を経過した場合は、法令で登録情報が抹消されてしまうので、調査不能となってしまう。

（6）空家法の第（　⑥　）条規定ができたおかげで調査が進み、これまで調査不能で棚上げとなっていた案件についての解決の糸口が見つかった。

（7）厳格な個人情報の保護の観点から、役所の他部署では入手できなかった（　⑦　）情報が入手できるようになり、空き家の（　⑦　）を納付している人物へのコンタクトが可能となった。

（8）固定資産税評価証明書を入手する際は、納税義務者や（　⑧　）を有する方が、本人若しくは弁護士等の代理人が本人確認をする証明書と訴状等の書類を提出して申請することになる。

確認メモの解答は、P.20です。

第２編
空家法関連編

第２章　行政による空き家への
　　　　是正措置のお話

子供のためにも安全な生活環境を維持できたらいいですね

栗山さん

空き家についての相談内容

栗山さん

栗山： うちの近所に空き家があるんですけど、人がいなくなって随分時間がたって、なんか放置されたような感じになってきて、ちょうど、子供たちの通学路に近いんで心配です。

福島： 住宅地図で場所を確認させていただけますか。ああ、ここは私道沿いの囲繞地のような、いわゆる路地状敷地みたいなところで私道につながっている場所ですね。

栗山： ええ、直接、道路に面してはいないんですけど、このまま放置されて廃墟になって、子供たちが遊び場にして、怪我でもしたら困るなぁと思ったもんですから。

福島： 確かに、それは心配ですね。

栗山： こういう空き家は、どうして放置されるようになったのですか。

福島： 地図でちょっと見ただけですけど、たぶんこの空き家がある敷地は、直接道路に面していない敷地で、その敷地と道路をつなぐ路地状敷地と呼ばれる土地の幅がとても狭いと感じられます。

栗山： それが何か問題なんですか。

福島： ええ、こういう敷地は、いわゆる無接道敷地といわれるもので、「死に地」とも呼ばれています。簡単にいうと建築基準法上の再建築等の許可が得られない敷地なので、所有者さんも除却して建て直し等の処分ができずに困っているということです。

福島主事

栗山： はぁ、処分に困るねー？？？。　でも、処分に困るならどうして、こんな敷地に家を建てたんですか。建築基準法で、再建築ができる敷地に家を最初から建てれば良かったのに。

168

空き家問題で問われている事象

空き家についての相談内容

　区民から寄せられる空き家についての相談内容は、
　　①「隣の家が、長年空き家で、必要な修繕等が施されず、放置された状態」で、
　　②「草木が覆い茂り、枝葉が所有権境を越えて自分の敷地まで侵入してきた」、
　　③「空き家が犯罪の温床となり、放火による延焼が不安」、
　　④「野良犬や猫の巣窟になり、シロアリ等の害虫の発生源になって困る」、
　　⑤「不法投棄されたゴミが溜まって困る」、
　　⑥「地震で倒壊し、自分たちの家屋が巻き添えになったら困る」
　　というものです。

　上記の相談で共通している問題は①であり、それを踏まえた上で、②～⑥の問題が付随して起きています。

空き家問題の解決件数事例

　空家法が平成26年に成立しましたが、それ以前から著者自身がかかわった問題については、建築基準法や道路法、民事規定等をフルに活用せざるを得ませんでしたが、下記のような実績を何とか出すことができました。この実績数は、亡くなった空き家所有者の相続人等を探し出すことから始まり、相続人や管理者と話し合い、除却や建替え費用の捻出をお願いし、何年もかけて粘り強く交渉を続けていくことで導きだすことができたものです。

```
（1）建物の除却　　　　　　　36件
　　①現在更地の状態　　　　　15件
　　②建替えした状態　　　　　21件
（2）建物の一部撤去　　　　　　8件
（3）雑草・立木等の除却　　　　7件
（4）除却予定件数　　　　　　　6件
（5）補修・リフォーム件数　　　13件
　　　【平成29年3月末　現在】
```

福島： 最初はそうだったんですよ。多分。

栗山： あとで、おかしくなったみたいな言い方ですけど。

福島： 現在の戸建住宅の多くは、土地と建物がセットで分譲されるケースが多く、当然その住宅を購入した場合は、土地も建物も同一の所有者さんです。

栗山： そうだと思いますが。私の家も10件くらい一斉に売り出されたところです。大手の不動産会社から土地と建物を一緒にローンを組んで買いましたよ。

福島： でも、今問題にされている、失礼な言い方ですけど、周辺住民の皆さんから迷惑だと思われている空き家（迷惑空き家）が建てられた時代は、大地主から土地を借りて、いわゆる借地契約を結んで、家を建てるパターンが多かったんです。【図1】
つまり、土地と建物の所有者が異なるわけです。

栗山： なるほどですね。そういえば、私の父の時代は確かにそうでした。地主さんに地代を払っていましたから。最近は家と土地は一緒に売られていますもんね。

福島： その後、時代が下るにつれて、大地主に相続の問題がのしかかります。相続税の現金確保のために土地の切り売りを始めたのです。

栗山： そうなると、これまで借地契約を結んでいた相手側（借地人）に土地を買ってもらう動きになりますね。

福島： その際、大地主や借地人が建築基準法の知識が乏しい場合は、再建築ができないような敷地形態に分筆（登記上、土地を分割すること）してしまったケースが多々見られるんですよ。【図2】

栗山： そうして、無接道敷地になってしまったと。

福島： 再建築ができるようにするためには、路地状敷地と呼ばれる幅2m以上の通路を隣家から土地を借りて設ける等の工夫が必要になります【図3の ▨▨▨▨ の部分】。

栗山： もともとは、こういった無接道敷地の囲繞地（いにょうち）の場合は、民法で、公道に至るまでの間の他人の所有地を通行する権利が認められていますよね。

【図1】

大地主が借地人に土地を貸していた時代

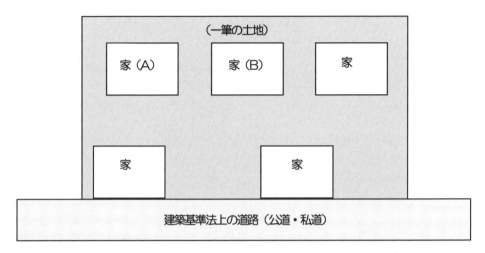

【図2】

借地人が土地を買い取って分筆が始まった時代

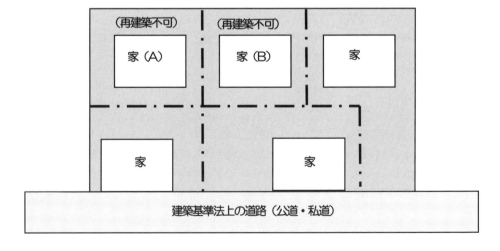

福島: そうですね。民法210条に「他の土地に囲まれて公道に通じない土地の所有者は、公道に至るため、その土地を囲んでいる他の土地を通行することができる」と規定されています。また、民法212条では、その通行に対する賞金(通行料)を年1回ごとに通行を認めて頂いた土地の所有者に支払うことになっています。

栗山: 単に公道へ通り抜けるだけなら、話は分かるのですが、もし私が通行される土地の所有者の立場でしたら、通行する通路(路地状敷地)はできるだけ狭い方が助かります。

福島: 囲繞地の再建築を認めるために、いわゆる建築基準法の接道要件を満たすための幅員を確保するとなると、通行を認めた側の土地が実質的に奪われることになって、将来通行を認めた側の再建築の際に、建ぺい率や容積率等で不利益を被ることも考えられますものね。

栗山: 分筆された後の囲繞地の土地を買った人は、もともと無接道敷地の価値が低いからこそ安く土地を購入できたはずなので、通行を認める側にとっては、再建築できるように通路を広くしろと言われても、単に不利益を強いられるだけで納得できない感じです。

福島: そうですね。実際、こうしたことで争いが起きています。囲繞地通行権の通路幅は、民法の規定の趣旨で単に通行が可能な幅員で足りるのか、それとも、再建築が可能となる建築基準法の接道要件を満たす幅員まで認めるべきなのかが裁判になりました。

栗山: やっぱり。私と同じように思っちゃう人がいるのね。

福島: 最高裁判決では、民法の囲繞地通行権と建築基準法の要件とは別に考えるべき(公法私法相違説)という判決が2回程(昭和37年3月15日、平成11年7月13日)下されています。いろいろとこれらの判決には議論もありましたが、その後の流れとしては、建築基準法の規定を根拠に、囲繞地通行権の範囲を認めろという考えは消極的になってきています。

栗山: つまり、無接道敷地をつくらないためには、分筆する際は、しっかりと建築基準法のルールを頭に入れておく必要がある。そして、そういった土地を購入しようとする人は、単純に土地が安いから買うのではなく、囲繞地通行権が認められる通路の幅員やその通路を貸して頂ける土地の所有者さんが、後々になって、再建築されるときに困らない環境になっているか等をしっかり確認しておく必要があるということですね。

【図3】

無接道敷地で再建築が出来るようにする工夫

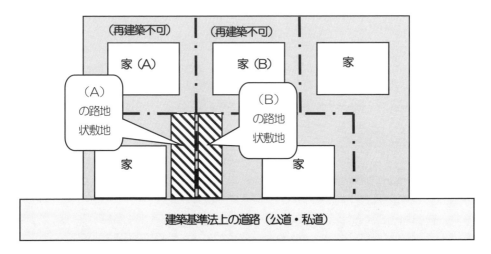

【図4】

細かく筆が切れた通路に接する宅地の事例

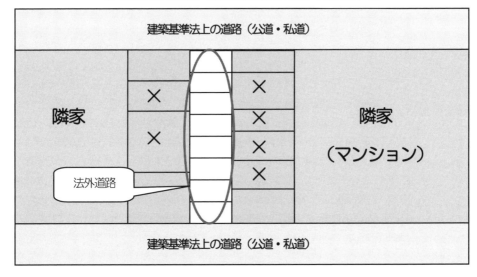

福島：　実際、図４のような場所もあって、細かく土地の筆が切れている通路に接している長らく放置された空き家が何件もあって、それが荒れ果ててしまって、近隣の住民の方々から環境悪化で困ると相談が入りました。

栗山：　結局は、再建築が出来ないから、こうした場所の空き家は放置されてしまうのね。

福島：　でも、その無接道敷地を買い集める地上げ屋さんもいるらしく、そこの空き家の相続人が安く買い叩かれて困ると相談に来ました。

栗山：　地上げ屋って、人の足元をみて交渉に来るのね。

福島：　確かに空き家は長年放置されていたから荒れ果ててしまったけど、土地は適正な水準の価格で買われるのかどうかが心配だといわれていました。一応その方は、いろんな不動産屋さんと相談され、都税事務所で固定資産税評価額もお調べになって、評価額から逆算して、地上げ屋さんから提示された買い取り額が適正な水準なものであるかどうかを確認すると言われていましたよ。

栗山：　確かに、図４の土地を全部買い取った場合、かなりの面積の土地になりそうだわね。

福島：　多分、地上げ屋さんは、不動会社に売って、それが建設会社でマンションが建てられ、最終的には、大手の分譲業者が、一部屋、何千万円で売るんでしょうね。

栗山：　無接道敷地は、安く買い取られたあげく、高級マンションに化けて、それに関わった業者が儲ける仕組みになっているのね。

福島：　あと、この無接道敷地の場所を調べると、河川や用水路等の「水路」と呼ばれるところに面しているのが多いですよ。残念ながら、建築基準法では、こうした水路に面している場合は、無接道敷地と同様の扱いを受け、再建築はできません。都市化が進んだところでは、水路の表面が覆われて、一見、道路のような状態になっているところが多くみられますが、それは「暗渠」と呼ばれるところですから、注意が必要ですね。ただ、まれに水路が事実上廃止され、公図上だけに残っている場合があります。こういったケースでは、公道に接して平行に走っているときは、道路と一体とみなされて、水路に面した敷地でも接道要件が認められる場合があります。一応、区役所の道路管理の窓口と建築基準法上の道路を扱っている窓口とで、それぞれ確認された方が良いですよ。

知っておきたい用語の説明

暗渠（あんきょ）

　昔、川や用水路だったところを遊歩道等に整備して人が通れる形にした場所や実際の川の上をコンクリート等の蓋で覆って見えなくしているところ。暗渠は現在も下水道として使われている場合も多い。たまに土地の区画を絵表示している不動産登記法に基づく公図においては「水」と記載されてはいるが、実際は水路としての機能が失われ、土砂で埋め立てられているケースもある。建築基準法では、この暗渠は水路とみなされているため、原則、この暗渠しか接道できない敷地については、再建築が不可となる。ただし、無接道敷地に対する救済措置として法第43条による認定措置や建築審査会の同意を得て建築許可を取る方法も残されてはいる。まれに、公図上、水路扱いになっている敷地が区道等の公道と平行に走っている場合、その敷地が公道を構成する道路敷地として組み込まれているケースがある。こうしたケースでは、その公道が建築基準法上の道路として指定を受けている場合、その水路も含めて建築基準法上の道路とみなされ、接道要件を満たしていると判断されて、再建築等が可能となる場合がある。

公図

　不動産登記法第14条に規定される土地の境界や建物の位置を確定するための地図のこと。公図は登記所（法務局）が管理し、閲覧が可能。公図には各土地の区画が明示され、地番が付されているが、古い時代の測量の誤りから、不正確な絵表示が多々見受けられる。そこで、明治32年に制定されてから実に105年の時を経て平成17年に不動産登記法が大改正され、それまで公図が第17条に規定されていたが、現在の第14条に変わった。この不動産登記法の改正により、関連する約130の法令も改正されることとなった。ちなみに誤った公図の訂正については、登記官の職権で行うことができるが、それは軽微な内容（地番の記入ミスや分筆腺の記入漏れ等）のものに限られ、公図訂正によって隣接する土地の区画や位置、形状等に影響が出るものについては、法改正で、当該土地の所有者若しくはその承継人が訂正の申し出人となって行うこととなる。

【水路に面している敷地でも建築許可が得られる場合の例】

区道等（建築基準法上の道路に指定を受けた道路）

公図上、水路扱いになっている敷地だが、実際は道路の一部になっている

建築予定地

水路が、建築基準法上の道路として、指定を受けている区道等に取り込まれている場合は、接道要件を満たすと判断されることがある。

空家法の成立趣旨

栗山： 右のページの一覧表をみると、著者も空き家問題の解決には随分と苦労なされたようですけど。

福島： 大変だったと伺っています。

栗山： 行政としては、この空き家問題、つまり、迷惑空き家とどのように向き合っているのですか。

福島： 従来、空き家問題は、行政が関わりの持てない、民事上の問題として扱われました。いわゆる「民事不介入の原則」と呼ばれるものです。しかし、空き家問題が単に個人の財産上の維持管理に関係する問題ではなく、地域の生活環境の保全に関わる重大な問題として扱われるようになり、空家等対策の推進に関する特別措置法（平成26年法律第127号）が成立する直前には、全国で401の自治体で空き家の適正管理に関する条例が制定されるようになりました。そして、この法律ができたことによって、空き家の維持管理については、行政（市町村）が空き家対策について基本方針を策定（法5条）して、問題のある空き家を調査（法9条）し、必要があれば、所有者等に対して是正措置（法14条）を講じることができるようになりました。

栗山： それじゃ、迷惑空き家の問題は民事事項だから、行政は全く知らんぷりということはなくなったのですね。

福島： はい、でも空き家全部について行政が動くというわけではないんですよ。

栗山： どういうことですか。

福島： 行政が直接、是正措置という形で関与できる空き家が、実は空家法の成立によって明確にされてしまったので、逆に法律に合わない空き家は関与できなくなりました。

栗山： 行政が関与しないといったら困るんですけど。

福島： ここに参考資料がありますので、その辺のところを見ていきましょう。

栗山： その資料は何ですか。

著者が実際に関わった空き家の事例一覧（一部紹介）

No.	是正対象となった空き家の状態	是正結果
1	放置された老朽空き家	建替え
2	傾いた老朽空き家	建物除却
3	バルコニーの落下	バルコニーの除却
4	大谷石擁壁の亀裂	建替え
5	老朽空き家の屋根の剥がれ	建替え
6	放置された空き家で屋根のアンテナが傾いている	建替え
7	廃屋となったアパート	建物除却
8	屋根の一部が剥がれ落ちる	建替え
9	損壊している老朽空き家	建物除却
10	火事の焼け跡がゴミの不法投棄の温床になっている	建物除却
11	老朽空き家が隣家に傾いている	建物除却
12	大谷石及びブロック塀の亀裂	建替え
13	壁面等の部材の剥離落下	建替え
14	立木の道路への突出	建替え
15	樹木が電線に絡んでいる	樹木伐採
16	廃屋となったアパート	建物除却
17	空き家の壁面が道路に落下	建物除却
18	空き家が傾き、隣家に寄り掛っている	建物除却
19	20年以上放置された空き家が樹木で埋まっていて環境悪化	樹木伐採
20	空き家の雨樋等から雨水が敷地内に伝って落ちてくる	建物除却
21	老朽化したベランダが落下してきている	ベランダ除却
22	老朽化が著しく道路上に屋根材や壁面が剥離落下して危険	建物除却
23	老朽化が著しい空き家で門が倒壊して道路に瓦礫が散乱した	建物除却
24	台風で屋根のトタン部分が剥離落下の危険	トタン屋根の除却
25	敷地内の雑草が繁茂して区道の交通障害になっている	雑草・立木の除却
26	アパートの敷地の雑草・立木の繁茂	雑草・立木の除却
27	空き家の敷地内に大きな立木が繁茂	雑草・立木の除却
28	商店街の店舗のベランダが老朽化により道路に落下	ベランダの除却
29	敷地内の雑草繁茂	雑草・立木の除却
30	公道に木塀が倒壊して落下している	木塀の除却
31	雑草繁茂が著しく周辺の環境衛生の阻害となっている	雑草・立木の除却
32	擁壁・万年塀の倒壊	建物除却
33	倒壊した空き家が放置されている	建物除却

福島： 平成26年11月25日（火）午後6時から始まった東京弁護士会主催の空家法に関するシンポジウム（霞ヶ関の弁護士会館、2階講堂クレオBC）です。これには、大変多くの東京の自治体職員が参加しました。「空き家対策法」〜その可能性、課題と対応〜が、正式な会合名です。この会合には、東京弁護士会の会長、国交省の課長、大田区の部長、東大大学院の教授等が登壇して発言されました。

栗山： 空家法が施行される前の説明会って感じですかね。

福島： 簡単にいうとそういうことですね。

栗山： どんな内容だったのですか。

福島： 参加した職員のメモ等の資料によると、右のページのようになるそうです。

栗山： 空き家の処分って、なんかすごい法律的な手続きとかがあって、面倒というか大変そうですね。こういった法律的な諸問題には自治体職員には限界があるから、弁護士じゃないとできないよと言われているみたいですね。

福島： 確かに、空き家の除却を巡って所有者さんと法的な争いになったら、裁判になるし、行政代執行しようとしても、今度は、その空き家に抵当権（借金返済の担保）を付けている金融機関等（お金を貸している側）に債権放棄等のお願いをしないといけないから、自治体職員が通常業務をしながら、こうした折衝等をするのは現実的に無理があります。

栗山： それじゃ、やっぱり専門家に頼まなきゃいけませんね。

福島： 国交省の説明によれば、行政による是正対象となる空き家の建物は、戸建住宅で、長屋や共同住宅は対象外とされています。また、空き家の状態については、「著しく保安上危険」であり、「著しく衛生上有害」な「特定空家等」とされています。

栗山： なるほど、法律で行政が取り組むべき空き家の対象や状態が明確になったわけですね。

福島： また、空家法が出来た一番の理由が、公共性の高い場所（例えば、通学路・バス通り・商店街等で人通りが多い所）で、空き家が倒壊して、甚大な被害が発生することが明々白々な場合についての緊急措置がとれるようにするためだそうです。

「空き家対策法」～その可能性、課題と対応～
会合の内容（概要）

1、シンポジウムの開催趣旨
（1）空家法の成立により、空き家の所有者についての調査や除却等の命令が可能となった。
（2）しかし、所有者との関係悪化によって代執行に至る場合は、その費用回収の問題や国税滞納整理と同様な手続きで資産の差し押さえや裁判所での手続き等が必要となる。
（3）その際、法的な専門性を帯びた諸事情に取り組むこととなり、自治体職員での対応は困難と思われる。
（4）また、法によって代執行が可能となっても、その手順には慎重さが求められ、場合によっては財産権の侵害、公務員による不当行為等の理由で国賠法等の訴訟を起こされる危険が残る。
（5）その他、抵当権に絡んだ民事債権の処理等を行わない限り、代執行は行えない等の問題も存在する。
（6）これらの法的な諸問題を解決しながら、空き家対策に臨むには、弁護士と顧問契約を結び、日頃から緻密な連携を取り合っていくことが重要である。

2、空家法に関する内容
（1）今週中に法が公布されるので、施行については6か月後の翌年5月となる。基本方針等については3か月後の翌年2月からとなる見込み。
（2）空家法の対象は、建物単位なので、戸建住宅が対象であり、長屋や団地・マンション等の共同住宅は対象外である。また、団地の空き室等の問題は、区分所有法に基づき管理組合が対応すべきであり、行政は関与しない。
（3）行政が主に取り組む空き家は、「著しく保安上危険」であり、「著しく衛生上有害」とされる「特定空家等」である。
（4）特定空家等に該当するか否かの基準作りは、今後全国355の既成条例を調べ、問題となっている事項を集約して、6か月後の施行に向けてガイドライン作りのなかで検討していきたい。
（5）特定空家等に該当する具体的な参考事例も掲示していきたい。
（6）協議会の設置が法7条で任意規定とされているが、問題の空き家が特定空家等に該当するか否かの判断は、やはり、有識者で構成された協議会で行って頂くのがよい。
（7）シロアリの発生は衛生上の有害に当たる。立木や景観上の問題点も検討する。
（8）空き家の定義は難しいが、「通年で使用されていない状態にあるもの」と解すべき。

（9）固定資産税等の優遇措置（6分の1、3分の1）の問題は税制調査会で検討すべき。
（10）本来、個人財産の処分は、所有者自身によって行われるべきものであり、税を投入して行われる除却や代執行は望ましくない。これを認めたら、モラルハザードが蔓延して、逆に空き家の放置を助長してしまう。よって、命令までの本人負担による除却に留めて頂きたい。
（11）しかし、空家法が市町村長に対して除却命令や代執行の権限を付与した理由は、公共性の高い場所（例えば、通学路・バス通り・商店街等で人通りが多い所）で、空き家が倒壊して、甚大な被害が発生することが明々白々な場合についての緊急措置がとれるようにするためである。この場合に、代執行を行って税金を投入されたとしても批判が出ないであろうということを前提にしている。

3、大田区の代執行について

（1）私有財産の処分は、現憲法においては法的根拠が必要である。
（2）法的根拠の成立を待たず、条例で代執行を行った今回のケースは、「例外的な位置付け」である。
（3）大田区が行った代執行の対象物件は、木造2階建ての共同住宅であるアパート。
（4）長年修繕等が施されることなく放置されたため、屋根が剥がれ雨ざらしの状態になっていたために屋内の腐食がひどく、倒壊の危険性が高かった。
（5）区の再三再四に亘る交渉にも所有者は応じなかった。
（6）当初、大田区の空き家条例には代執行規定はなかったが、10月7日に改正して、代執行規定を盛り込み、代執行を行うことに決めた。
（7）そのため、所有者からは憲法違反の条例であり、公務員の不当行為、財産権の侵害等の理由で訴訟が起こされる危険が高まった。
（8）大田区は弁護士と顧問契約を結び、所有者からの訴訟に応じる準備をせざるを得なかった。
（9）また、代執行を行う前に、債権者である根抵当権者への同意を取り付けるため、弁護士の働きが必要だった。
（10）代執行を行ったことで、個人財産の処分に税の投入は妥当かとの批判がある。
（11）代執行を行う際は、土地と建物の所有者が異なる場合が最大のネックとなる。問題の建物が除却されてしまったら、費用回収のための差し押さえ物件の消失も招くからだ。もし、所有者が異なる場合は、土地を差し押さえるわけにはいかない。
（12）代執行費用の500万円の回収のためには、今後も弁護士にご尽力を賜りたい。
（13）なお、上記の金額には、除却費用だけでなく当該物件にアスベストが使われていたか否かの調査費も含まれている。

4、空き家の有効活用について
（1）国は、地方での地域再生事業として、空き家の除却や改修について積極的に補助金を交付している。
（2）法には、具体的な空き家の活用には触れていないが、以下のことが考えられる。
　　①地域住民主体の空き家対策
　　②民間の空き家ビジネスの活用
　　③NPO法人による不動産マネジメント依頼等
（3）具体的な成功例の紹介
　　①女子大学生向けのシェアハウスへの改修
　　②高齢者在宅の家屋を改修し若者と高齢者とが共生するホームシェア（下宿作り）
　　③地域開放型の高齢者向けのデイ・ケア施設への転用
　　④高齢者の引きこもりを予防するための空き家の活用（介護予防）
　　⑤市への無償寄付
　　　→　除却後にポケットパークや自治会の集会所、防災倉庫の設置等
　　　　（住民による自主管理）

この点、国交省の「特定空家等に対する措置」に関する適切な実施を図るために必要な指針（以下、「ガイドライン」という。）のP.4では、

> 「特定空家等」が現にもたらしている、又はそのまま放置した場合に予見される悪影響の範囲内に、周辺の建築物や通行人等が存在し、又は通行し得て被害を受ける状況にあるか否か等により判断する。その際の判断基準は一律とする必要はなく、当該空家等の立地環境等地域の特性に応じて、悪影響が及ぶ範囲を適宜判断することとなる。例えば、倒壊のおそれのある空家等が狭小な敷地の密集市街地に位置している場合や通行人等に被害が及びやすく、「特定空家等」として措置を講ずる必要性が高くなることが考えられる。

と、記載されています。(※18)

栗山さん：つまり、空家法は、空き家が倒壊して通行人などに危険が及びそうな場合に行政が対応出来るように作られたってことですね。

(※18)「特定空家等に対する措置」に関する適切な実施を図るために必要な指針（ガイドライン）
http://www.mlit.go.jp/common/001090531.pdf
（最終閲覧日：平成31年3月10日）

栗山: ということは、法律で定められた条件に合わない空き家は、行政は手出しができないということね。つまり、従来通りの民事不介入なのね。

福島: 空家法が成立するまで、空き家について何も規定がなかったので、空き家が漠然と建物に関する問題だからという理由だけで、建築関係の部署に相談が入ったり、空き家が倒壊しそうな危険な状態にあるからと危機管理の部署に相談が入ったりとまちまちでした。

栗山: そうした状況で、空き家の定義はどのように形作られていったのですか。

福島: 空家法が成立する直前の平成26年10月までに全国で401の自治体で空き家条例が制定されましたが、その過程で空き家に対する概念が着実に積み重ねられていったことは確かです。それを受けて空家法における定義でもその考えが反映されていったのかも知れませんね。

空き家の定義

矢越: 平成27年5月26日に提示された国交省住宅局と総務省地域力創造グループによる「空き家等に関する施策を総合的かつ計画的に実施するための基本的な指針」に対する御質問及び御意見に対する回答(第二弾)の送付に添付された質疑応答集(以下、「質疑応答集」という。)の中から必要な事項を適宜引用してお話しますね。

福島: 空き家としての建物については、建築物又はこれに附属する工作物(門・塀等)で、立木その他の土地に定着する物を含む敷地としています。

矢越: ただし、国又は地方公共団体が所有し、又は管理する建物等は、空家法の対象外としています。

福島: また、建物の使用頻度については、「居住その他の使用がなされていないことが常態であるもの」とされていて、「概ね月1回以上利用」している又は「盆・暮れに利用」している建築物等は、空家法第2条第1項の空き家等には該当しないとされています。

矢越: 建物の種類としては、個人が居住する戸建住宅が対象で、長屋やアパート・マンション等の共同住宅は対象外とされています。

【空き家の定義等について】

> 空家法
> （定義）
> 第２条　この法律において「空家等」とは、建築物又はこれに附属する工作物であって居住その他の使用がなされていないことが常態であるもの及びその敷地（立木その他の土地に定着する物を含む。）をいう。ただし、国又は地方公共団体が所有し、又は管理するものを除く。

　これ以外に重要な点としては、質疑応答集に空き家等の立地条件に触れられている事項があります。

> 　倒壊等保安上危険になったり、安全性の低下により問題となるのは、道路沿いの老朽化した危険な空家が、児童生徒の通学や地域住民の日常生活における通行に危険を及ぼすと危惧されている場合が主であること、また、「防災」は、災害時の避難路に支障が生じる例示であり、日常の道路通行に及ぼす危険性の例示として不十分である、との理由から、例えば「空家等が道路通行、防災、衛生、景観等の地域住民の生活環境」と修正すべき。

との声に対して、

> 　御指摘の部分は空家法第１条の規定をそのまま引用している個所であるため、原案どおりといたします。

と、回答しているところをみると、どういう場所に空き家があって、どういう状況下にある空き家に対して行政が対応しなければならないかが分かります。

つまり、
（１）平成26年11月25日（火）に行われた東京弁護士会主催の空家法に関するシンポジウムで、空家法が市町村長に対して除却命令や代執行の権限を付与した理由は、公共性の高い場所（例えば、通学路・バス通り・商店街等で人通りの多い所）で、空き家が倒壊して甚大な被害が発生することが明々白々な場合についての緊急措置をとれるようにするためである。この場合に、代執行を行って税金が投入されたとしても批判が出ないであろうということを前提としている。
（２）児童生徒の通学や地域住民の日常生活における通行に危険を及ぼすと危惧されている場合が主であること。
（３）災害時の避難路に支障が生じる。
　以上のような場面で問題となった空き家等に対して、行政は、何らかの是正措置を行う必要が出てくるといえるでしょう。

知って得するコラム　その9

本書が引用した本と論文について

　空家法の詳細な内容の理解には、『空き家対策の実務』（北村喜宣、米山秀隆、岡田博史、編、2016年、有斐閣））という本が大変役立ちますので、是非、お読みになることをお勧めします。私も購入して勉強させて頂いています。この編者のお一人である北村喜宣先生は、上智大学の法科大学院教授で、環境法の司法試験考査委員も務められました。専攻は、行政法学、環境法学、政策法務論で、自治体に関する数多くの書籍を著わされています。

　また、北村先生は、平成28年から東京弁護士会が主催した「空家法の連続勉強会」において、講師として講義をされました。当時、著者の私もこの勉強会に幾度も参加して先生のお話を直接お聴きしました。

　そして、本書の前身にあたる「中野区職員のための空家対策ハンドブック」が出来上がったとき、平成29年1月6日の勉強会が開かれた都庁大会議室で、「北村先生の講義を聴いて、自分なりに研究して作成したハンドブックです。」と言って、北村先生や勉強会を主催された弁護士の方に数冊お渡しして、目を通して頂くことができました。ただ、その際に北村先生がこれは出版されるのですかとお尋ねになられたので、びっくりした思い出があります。

　しかし、しばらくしてから、思いもよらない形で、そのハンドブックが一般向けの本として出版される話が持ち上がることになり、北村先生のご著作の本や論文からもいくつか文章を引用させて頂くことになりました。その引用許諾については、平成29年9月22日に頂戴することができました。

空家法の対象となる建物の種類について

　空家法の対象となる建物については、北村先生他の掲書（PP.19-20）によると、

「空家等」として想定されるのは、戸建て住宅の場合が多いだろうが、アパートのような共同住宅形式の建築物の場合もある。そうした場合において、1部屋を残してすべての部屋が空き室となっているときには、当該建築物はまだ空家等にはなっていないと考えられている。対象とする建築物全体において、何らの使用もされていない状態である必要がある。いわゆる長屋に関しても、すべての居住区画が不使用常態とならないかぎりは、空家等とならないというのが、国土交通省の解釈である。

とありますので、長屋・共同住宅は基本的には対象外ということになります。

　また、建物が長期間にわたって使用されていない現状については、
> 物件の状態から明らかに長期間利用されておらず、次にみる「特定空家等」であるとの合理的に判断できる可能性が高い場合にも、とりあえず空家等と整理してよい。

との判断をされています。

特定空家等の認定基準について

　行政が、住民からの苦情等によって調査した結果、その対象となる空き家が、空家法第2条第2項で規定する特定空家等であると認定した場合は、同法第14条に規定される是正措置を発動することとなります。
　是正措置には、除却命令等の空き家の所有者等の憲法で保障された財産権が奪われる不利益を含むものもあるため、特定空家等と認定する際には、あらかじめしっかりした基準を作成しておく必要があります。

　この点、北村先生他の前掲書（P.21）では、
> 不利益処分にあたって処分基準の作成と公表を努力義務とする行政手続法12条の制度趣旨に鑑みれば、行政庁としては、そのように対応するのが望ましい。

とされています。

【参照条文】

> 行政手続法
> 第3章　不利益処分
> （処分の基準）
> 第12条　行政庁は、処分基準を定め、かつ、これを公にしておくよう努めなければならない。
> 2　行政庁は、処分基準を定めるに当たっては、不利益処分の性質に照らしてできる限り具体的なものとしなければならない。

　因みに、この処分の基準の設定は、上記の第12条の規定で「～努めなければならない。」と書かれていることから努力規定で、義務規定とはなっていません。行政の裁量が残されているということになります。

特定空家等

福島： 空家法では、行政が是正の対象とする空家等を「特定空家等」としています。そして、その是正措置の対象とするための法的要件を4点あげています。

矢越： 第1点目が、そのまま放置すれば倒壊等著しく保安上危険となるおそれのある状態、第2点目は、著しく衛生上有害となるおそれのある状態、第3点目は、適切な管理が行われていないことにより著しく景観を損なっている状態、第4点目は、その他周辺の生活環境の保全を図るために放置することが不適切である状態と定められています。

福島： これらの要件に該当する場合は、自治体の判断で、その空家等を「特定空家等」と認定し、是正のために必要な措置を行うことができます。

矢越： ただし、要件を具体的に、詳細に、自治体が条例で、その対応方法とセットで規定することはできると考えられています。つまり、各自治体が、「特定空家等」として認定するにあたっての「認定基準」の作成です。

福島： また、空家法第7条で設けられた「協議会」を発足させて、そこで当該空家等が特定空家等に該当するかの判断を委ねてもよいことになっています。その時にこの基準が活用できます。

民事不介入の原則への制限

福島： 空家法が成立するまで、空き家という建物を巡る住民同士の近隣トラブルは、民事上の問題であって、行政は介入すべきではないとする「民事不介入の原則」の考えがありました。空家法の第3条と第4条の規定が設けられたことによって、その考え方に修正が加えられた形となりました。

矢越： 第3条では、空き家所有者に対して空き家の適切な維持管理についての責務を明示する一方で、第4条で行政対策の空き家に対する必要な措置をとることの責務が書かれています。

福島： 第3条は、建築基準法第8条と同様な訓示規定と言えます。建築基準法では、建物の維持保全に関して行政の関与規定はありませんでしたが、空家法では、第4条で

【参照条文】

空家法
(定義)
第2条
2　この法律において「特定空家等」とは、そのまま放置すれば倒壊等著しく保安上危険となるおそれのある状態又は著しく衛生上有害となるおそれのある状態、適切な管理が行われていないことにより著しく景観を損なっている状態その他周辺の生活環境の保全を図るために放置することが不適切である状態にあると認められる空家等をいう。

空家法
(空家等の所有者等の責務)
第3条　空家等の所有者又は管理者(以下「所有者等」という。)は、周辺の生活環境に悪影響を及ぼさないよう、空家等の適切な管理に努めるものとする。

空家法
(市町村の責務)
第4条　市町村は、第六条第一項に規定する空家等対策計画の作成及びこれに基づく空家等に関する対策の実施その他の空家等に関する必要な措置を適切に講ずるよう努めるものとする。

明確に建物が空家等となった場合には関与していくという規定となりました。

矢越： 第4条も訓示規定と解せますが、建築基準法と違って、建物の維持保全について、一歩踏み込んだ形になっていると理解する必要があります。

福島： 条文から、近隣住民からクレームが来るような状態となった場合は、空家等の所有者等が第3条における義務を果たしていないとして、行政は第4条の責務を果たすために、関与していかねばならなくなったということですね。

是正措置に対する考え方

矢越： 質疑応答集には、「特定空家等に該当しない空家等の場合、特措法による指導の対象外となると考えてよいのか？ それとも法第3条の努力義務違反として指導の対象となるのか。」との、質問に対して、「特定空家等に該当しない空き家等については、空家法第14条第1項に基づく助言又は指導の対象とはなりません。」と、ありますので、特定空家等のみが、行政にとっての是正対象となります。

福島： 行政が関与すべき事案か否かの判断については、空家法による調査を行う中で、空家等や所有者等と近隣住民等の関係性や相談に至った経緯・事情が次第に分かってきます。そのなかで、行政がその空家等を「特定空家等」と認定して、空家法による是正措置を行うべきか否かの判断が別に必要となってきます。

矢越： この点、国交省のガイドライン（P.3）でも、「私有財産たる当該空き家等に対する措置について、行政が関与すべき事案なのかどうか、その規制手段に必要性及び合理性があるかどうかを判断する必要がある。」としています。

他法令等の関係

福島： 行政が当該空家等の問題に取り組むこととなった場合でも、ガイドライン（P.3）では、空家法に限らず、他法令の目的に沿って必要な措置が講じられる場合が考えられるとしています。具体的には、①現に著しく保安上危険な既存不適格建築物に対する建築基準法、②火災予防の観点からの消防法、③道路交通の支障を排除する観点からの道路法、④災害における障害物の除去の観点からの災害救助法等の他法令を組み合わせて適用することや空家等の物的状態や悪影響の程度、危険等の切迫性等につい

ても総合的に判断し、手段を選択する必要があるとしています。

矢越： そして、ようやく、行政が空家法による取り組みが妥当であるとの判断となった場合、その是正措置として、空家法第14条では第1項で、助言・指導が規定されており、第2項で勧告、第3項で命令規定が設けられています。

自己負担による是正の意味

福島： ここで、費用の観点から見た場合、空家法の規定に基づき、行政が特定空家等に対して、是正に必要な措置を講じるときは、その措置に係る費用は特定空家等の所有者等の自己負担となります。

矢越： これは、憲法第29条で財産権が保障されている限り、その財産である建物の維持管理や処分についての費用は、当然にその所有者等が支払うことが相当であると考えられているからです。

福島： したがって、是正に当たっては、先ず、所有者等に対して建物の維持管理と処分についての責任を自覚させ、その意識を行政が促すという方向性で進んで行くことになります。

立入調査

山口： 空家法が成立して、所有者等について調査する権限が付与されました。第9条で現地での立入調査が認められています。

福島： 空家法の是正対象となるのが、特定空家等と呼ばれる空き家になりますから、それに該当するかを見定めるためにも、空き家の敷地への立入調査は必要となります。

山口： その場合は、予め登記調査や戸籍・住民票等の公用申請による調査によって得られた情報に基づいて所有者等への事前の通知を5日前までに行うことになっています。ただし、通知が困難な場合は、この限りではないと規定されています。

福島： 立入調査には、その拒否に対して罰則20万円以下の過料（第16条第2項）を伴う形で、所有者等に受忍義務を課しています。

助言又は指導

山口： 国交省のガイドライン（PP.8-9）では、特定空家等の所有者等への助言又は指導に関して、①「助言・指導といった行政指導により、所有者等自らの意思による改善を促すことから始めること」とし、②所有者等に対しては、「当該助言又は指導の内容及びその事由」や「指導の責任者」を明確に示す、③特定空家等が改善されないと認められるときは、「繰り返し助言又は指導を行うべきか」、「必要な措置を勧告すべきかどうか」、「勧告する場合はどのような措置とするか」等について検討する、④その際、「第7条の協議会において協議する」こと等も考えられるとしています。

協議会の設置

矢越： 空家法第7条では、第6条で規定する「空き家等対策計画」等の施策の立案等を通して、区域内での空き家等に関する対策を総合的かつ計画的に実施するための協議会の発足を謳っています。

福島： 具体的な協議会の設置については、条例を制定して設けることができます。

高橋： また、設置そのものについても任意で決めることができるので、設置しなくても、法律上は大丈夫です。協議会の法的な性格としては、地方自治法第138条の4第3項でいうところの附属機関と解され、長を含む有識者や住民の代表者等で構成されることになっています。ですから、この協議会には、長が必ず構成員となるという点が重要といえます。

山口： そして、協議会においては、空き家が特定空家等に該当するかの判断やその是正措置等について協議を行うための場として活用することも考えられますね。

> 地方自治法
> 第138条の4第3項
> 　普通地方公共団体は、法律又は条例の定めるところにより、執行機関の附属機関として自治紛争処理委員、審査会、審議会、調査会その他の調停、審査、諮問又は調査のための機関を置くことができる。

【協議会の役割について】

　東京弁護士会主催の空家法についての連続勉強会の席上（日時：平成28年10月12日（水）午後3時、会場：東京都庁第2庁舎31階特別会議室27）、講師を務められた北村先生に、この協議会に関して、以下のような質問をさせて頂きました。

「代執行を区で行うと決定する場合、その判断を空家法の協議会に委ねることになっても法律上問題はないでしょうか。」

この点について、北村先生からは、
「協議会は、区長の附属機関という法的な性格上、そこで行う審議結果は、区に対して法的な拘束力を伴うものではなく、区長に対して行われる答申というものに当たる。協議会で代執行を行うかの審議がされることは法的に全く問題がなく、むしろ、有識者や住民の代表として構成される協議会という場で、その是非を図ることになるから、区長の独断で決めたというよりは、慎重な審議を経て、結論を出したとして評価されるのではないだろうか。」
とのご回答を頂きました。

空き家所有者等への指導書の送付について注意すること

指導書の文面

　特定空家等の所有者等と最初の関わりを持つ契機となるのが、行政から発送される指導書です。この指導書の文面次第で、その後の対応が決まってしまうと言っても過言ではありません。第一のポイントは、所有者等と連絡が取れる状況を作り出すことです。

　場合によっては、登記上の所有者は既に亡くなっていて、相続人が交渉相手となるかも知れません。いずれにせよ、管理不全な状態で当該空家等を放置してしまったことには、何らかの事情があるはずです。その事情を聴きだし、ともに解決へと考えていける人間関係を構築できれば、希望が持てます。

　また、このままの状態で空家等の放置を続けて近隣もしくは通行人等に危害が生じた場合、所有者等が民事上、刑法上の責任が問われてしまいかねないということも伝えるのが大変重要です。

所有者等から受けた相談内容（事例）

　これまで、特定空家等の所有者や管理者、相続関係者から相談を受けた内容としては、下記のような事例がありました。現在も対応が継続中のものがあります。

①区からの指導書で、初めて自分が相続関係で所有者となることを知った。現在、父親が亡くなって相続した家に住んでいるが、これ以外にも相続財産としての空き家があると知って驚いている。

②指導書に同封されていた空き家の写真を見て、驚愕した。近隣や通行人に被害が出た場合は、自分はどうなってしまうのか。

③自分を含めて相続関係にある者が複数いるが、その中に認知症の状態になっている高齢の叔母がいるがどうしたらいいか。

④いとこ同士で、相続をめぐって現在係争中となっている。相続人として確定するまで待ってほしい。詳しいことは弁護士に任せている。

⑤親の時代から、長年、地主らと争っている。地代は地主に受け取ってもらえないので、法務局に供託している。この問題が解決するまでは、家の処分はできない。

⑥自分は相続権のない姻族側の親戚であるが、夫の死亡により相続人となった叔母が子供を持たずに亡くなった。亡くなる際は、病院で看取ってあげたが、家の処分まで責任は持てない。

⑦親が住んでいた家が空き家となっているが、自分は他市で生活保護を受けながら都営住宅に住んでいる。病気で外に出歩くことが出来ずに管理が難しい。

⑧相続税を納めるお金がなくて、国税庁に土地を物納した。建物はその土地にいくつか存在しているが、自分はその中の一つに居住している。自分が居住していない建物は全て空き家状態になっている。お金がないので、指導されても対応ができない。

⑨親が住んでいた家のことで指導されていると思う。数年前まで弟が住んでいたが、病気して施設に入所してその後空き家になっている。弟の介護費用を工面するために、少しでも高くあの土地と家を売却したいと思っているが、適正な売値がいくらになるか教えて欲しい。また、売却に当たって信用できる不動産業者があれば紹介して欲しい。

⑩老朽化が進んでいるので、建替えをしたいのは山々だが、建築基準法で無接道だと指摘された。再建築が出来るためにはどうしたらよいか。

上記の相談内容は、ほんの一例です。空き家所有者等にも種々切羽詰まった事情があることを重く受け止め、迷惑を被っている近隣住民との対応も同時に考える必要があります。

所有者等の立場や経済的な事情を考慮した形で、近隣住民が悩んでいる部分の解消に少しでも取り組んで貰えるよう話を促す努力が、行政としても必要となってきます。

なお、指導書は、相手が受け取ったことを確認する意味で、「配達証明」による書留郵便で送ることにしています。
なかには、所有者等から意図的に不在を理由にして受け取りを拒否されるケースもありますが、その場合は当該案件に粘り強く関わっていく覚悟が求められます。

この他、世代が交代して、所有者の子供から建物の除却に応じる旨の電話を頂いた経験があります。

勧告

高橋： 空家法第14条第2項で、助言・指導に応じない場合の措置として、「勧告」が出来ることになっています。勧告内容は、助言・指導と同じものとなりますが、勧告に所有者等が従わない場合は、そのまま命令に進んでいくため、慎重な判断が必要となります。

矢越： 命令に進んで、もしそれに応じなかった場合は、代執行等の強制的な措置を発動しなければならなくなるからです。

福島： 勧告を行うに当たっては、条例を制定して、①勧告を行うべきか否かの判断、②勧告を行う場合どのような内容とするか、③勧告した後の措置との関係事項をどうするか等を整理するために、空家法第7条で規定される協議会で審議できる仕組みを作ることも可能です。

山口： また、空家法では、地方税法等の一部を改正する法律（平成27年法律第2号）により、行政から勧告を受けた特定空家等がある敷地について、固定資産税の「住宅用地特例」の対象から除外され、税額が増額変更される措置が行われます。

高橋： この場合は、都税事務所に対してこれまで是正指導を行ってきた特定空家等に関する情報の提供を行うこととなります。

山口： ただし、この措置を行うに当たっては、都税事務所としても幾つもの手続きを踏むこととなるので、空家法第10条の都税調査も含めて、空き家対策についての情報交換を行い、連絡を密にして、普段から互いの信頼関係を築いておくことが最も大切です。

地方税法等の一部を改正する法律（平成27年法律第2号）

第349条の3の2第1項中「受けるもの」の下に「及び空家等対策の推進に関する特別措置法（平成26年法律第127号）第14条第2項の規定により所有者等（同法第3条に規定する所有者等をいう。）に対し勧告がされた同法第2条第2項に規定する特定空家等の敷地の用に供されている土地」を加える。

地方税法

（住宅用地に対する固定資産税の課税標準の特例）

第349条の3の2

専ら人の居住の用に供する家屋又はその一部を人の居住の用に供する家屋で政令で定めるものの敷地の用に供されている土地で政令で定めるもの（前条（第12項を除く。）の規定の適用を受けるもの及び空家等対策の推進に関する特別措置法（平成26年法律第127号）第14条第2項の規定により所有者等（同法第3条に規定する所有者等をいう。）に対し勧告がされた同法第2条第2項に規定する特定空家等の敷地の用に供されている土地を除く。

≪以下、条文省略≫

東京都主税局の税額変更に関するチラシ

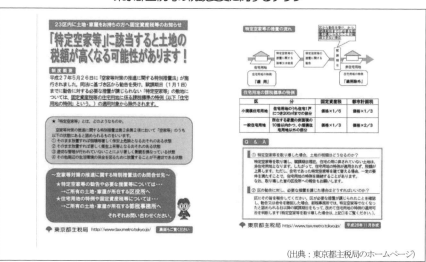

（出典：東京都主税局のホームページ）

(※19) 東京都主税局のチラシ
http://www.tax.metro.tokyo.jp/shisan/info/tokuteiakiya.pdf
（最終閲覧日：平成31年3月10日）

土地所有者と建物所有者が異なる場合の対応

　勧告による固定資産税の税額変更措置で、問題が複雑化する場合があります。それは、特定空家等の所有者とその土地の所有者とが異なるときです。

　税額変更は、土地に対してのみ行われるため、建物が特定空家等として勧告の対象となっても、税額変更の不利益を被るのは、土地所有者等だけということになってしまいます。
　それは、特定空家等は、築年数が長く、しかも老朽化が激しく、よって倒壊等著しく保安上危険となるおそれのある状態にあるため、資産評価が低く、既に免税扱いとなっている場合が多いからです。

　こうした場合、一方的に不利益を被ってしまう土地所有者から区が猛烈な抗議を受けてしまう危険性が生じます。

　しかし、平成27年5月26日付、国土交通省住宅局・総務省地域力創造グループが作成した「特定空家等に対する措置」に関する適切な実施を図るために必要な指針（ガイドライン）（案）に関するパブリックコメントの募集の結果についてという資料には、

「特定空家等」は、建築物だけでなくその敷地を含むものとして定義されていることから、特定空家等の所有者等と記載した場合は、その敷地の所有者等を含むことは自明です。

とあり、行政としては土地所有者も是正を求める対象となります。

　そのため、民事規定上の話となりますが、土地所有者側は、借地人としての空き家所有者に対して、例えば、旧借地法第2条但し書の「朽廃規定」を用いて、借地契約を終了し、建物の除却や土地の明け渡しなどを求める動きに出ることも可能です。

借地法（大正10年4月8日法律第49号/平成3年10月4日廃止）
　第2条　但シ建物カ此ノ期間満了前朽廃シタルトキハ借地権ハ之ニ因リテ消滅ス

借地借家法（平成3年10月4日法律第90号）
　附則（借地上の建物の朽廃に関する経過措置）
　第5条　この法律の施行前に設定された借地権について、その借地権の目的である土地の上の建物の朽廃による消滅に関しては、なお従前の例による。

　因みに、ここでの「朽廃」の意味については、平成21年5月7日の東京地裁判決では、「建物に自然に生じた腐食損傷等により、建物としての利用に耐えず、全体として建物としての社会経済上の効果効用を喪失した状態」としています。

著者も、地主の相続人と借地人の相続人とが建物の除却費を巡って世代を超えて係争していた事例を経験し、担当弁護士から除却費について区の助成金はないかと尋ねられたことがありました。

　このケースでは、さらにその老朽化した建物に亡くなった借地人（建物所有者）から居住を認められて、これまで40年近く住んでいた住人の立退きも絡んで、問題が複雑となってしまいました。

　弁護士も、①地主側、②借地人（建物所有者）側、③居住者側にそれぞれに就いて裁判所で争うという事態となりました。

　結局、この事例では、旧借地法第2条但し書での「朽廃規定」に基づき、建物の除却を求める争いとなり、土地所有者側の主張が裁判所で認められ、建物はすぐに除却されました。

黒岩さん

空き家の除却の場合で相続が絡むと大変だそうです。

土地所有者が別にいるときは、もっとややこしくなるそうですよ。

空き家の相続人同士が弁護士を立てて争っているところへ借地の返還を求める地主も弁護士を立てて参戦するらしいです。

行政は近隣からの苦情も重なって疲弊するみたいですよ。

命令

矢越：　勧告に所有者等が応じない場合は、空家法第14条第3項の規定に基づき、「命令」を発することとなりますね。

福島：　命令は、不利益処分の性質をもつ行政処分であるため、所有者等に対して、予め「聴聞・弁明の機会」を与えなくてはなりませんよ。

矢越：　空家法第14条第4項には、所有者等に対して命令措置に関する内容（措置・事由）と反論等を述べる機会を与える旨の通知書を交付することになっています。

福島：　そして同条第5項では、この通知を受けた場合は、所有者等は、区長に対して、5日以内に意見書の提出に代えて公開による意見の聴取を請求できると規定しています。

矢越：　ただし、上記の請求がなされず、期間が経過した場合は、直ちに、命令を発することができます。

福島：　逆に、請求があった場合は、所有者等又は代理人の出頭により、公開による意見の聴取が行われます。（同上第6項）

矢越：　これら一連の手続きの流れは、建築基準法第9条第2項から第6項までの規定と似ていて、除却等の命令が所有者等の財産に重大な不利益をもたらすために設けられています。

福島：　ところで、憲法第29条で財産権を保障する規定がありますが、空家法には除却命令を発する強制規定があるので、その関係性について整理しておく必要があります。

矢越：　なぜなら、除却命令を受けた所有者等が、区に対して猛烈な抗議をしてくるケースが考えられるからです。

福島：　実際のあったケースですが、長年放置された空き家が倒壊の危機にあったので、地域の町会長や複数の区議会議員からの要請があり、職員が相続人を調べ、ようやく連絡が取れる状態となりました。

矢越：　そこで、職員は相続人に対してこの建物が倒壊の危険性が高まっているので、空家法

（202頁へ続く）

空家法の除却命令についての考察

命令の発動要件について

北村先生他の著書（P.40）では、空家法第14条第3項に

> （特定空家等に対する措置）
> 第14条
> 3　市町村長は、前項の規定による勧告を受けた者が正当な理由がなくてその勧告に係る措置をとらなかった場合において、<u>特に必要があると認めるとき</u>は、その者に対し、相当の猶予期限を付けて、その勧告に係る措置をとることを命ずることができる。

と規定されており、その中で、「特に必要があると認めるとき」という文言で、法的要件を加重している点に注目されています。

つまり、「特定空家等」として、是正対象の対象要件として、第2条第2項に、①著しく保安上危険、②著しく衛生上有害とする事項があげられていますが、更に③上記下線の「特に必要があると認めるとき」との要件が重ねられているということについてです。

> 保安上の危険に関していえば、①建材の崩落や建物の倒壊等の蓋然性、②それによる被害の内容・程度、③事故発生の時間的切迫性の3要件で考えることができる。

と述べられていますが、このうち、

> 「特に必要があると認めるとき」は、①×②×③が相当程度になっている（＝保安上の危険がきわめて著しい状態になり事故発生の蓋然性が高く、その場合には、深刻な被害が想定される）場合

であるとされています。

しかし、北村先生は、ここでの解釈については、形式的には法的要件を加重しているようにみえるが、それについては積極的な意味を見出すのではなく、

> 比例原則を踏まえた実務を確認したと受け止めるべきであろう。

とされています。

ここで、「比例原則」とは、法律の世界では、「雀を撃つのに大砲を使ってはならない」という言葉でしばしば説明されるものですが、「達成されるべき目的とそのために取られる手段としての権利・利益の制約との間に均衡を要求する」という原則です。

つまり、倒壊等の蓋然性（事件が起きるかも知れないという見込み）が高く、それによっ

て引き起こされる事件の被害状況等を総合的に考えて、「ヤバイ」と想定できる場合は、食い止めたい事件の結果に相応する手段（比例原則）でもって命令を発動することができるということです。

したがって、これまでのことをまとめると、除却等の是正措置を行う対象としての「特定空家等」の法的要件が、第2条第2項で「〜のおそれのある状態」と規定されていることによって、

①あえて倒壊するか否かの厳密な技術的・専門的な検証作業をする必要はなく、

②そのまま放置すれば倒壊するかもしれないという見込み（蓋然性）が立ち、

③時間的な逼迫性があり、発生する結果が、甚大だと想定できれば、

④比例原則に従っての是正に必要な措置を講じるものとして、

区長が、当該空き家等を「特定空家等」として、除却等の命令を行うことができるということになります。

行政の自由裁量権

第14条第3項の規定において、「命ずることができる」という文言になっており、建築基準法の第9条における違反建築物への是正措置と同様なものとなっています。

ここで、違反の取締りと是正に関して、昭和59年10月26日の最高裁においては、「違反是正命令を発するかどうかは、特定行政庁の裁量にゆだねられている」という判決が出されていることに注意しておきましょう。[20] まだ空家法に関して訴訟事例がありませんが、空家法における命令を発することに関しては、上記の判決と同様に、要件を満たしたとしても、命令を発するにあたっては長の裁量が働くものと思われます。

---

[20] 裁判所のホームページ
建築基準法による確認処分取消
①最高裁判所第二小法廷判決（昭和59年10月26日）
http://www.courts.go.jp/app/hanrei_jp/detail2?id=52704
②判決文（P.2）
http://www.courts.go.jp/app/files/hanrei_jp/704/052704_hanrei.pdf
（最終閲覧日：平成31年3月12日）

因みに、命令が発せられても所有者等が応じなかった場合を考えてみると、先ず、空家法第16条第1項の規定に基づき、50万円以下の過料に処されます。次に、命令の次の是正措置として、公費負担による行政代執行等の措置が講じられます。

　ここで、上記の50万円以下の過料に処されたときは、徴収手続は略式裁判手続となっています。過料に処されるべきものが住所を管轄する裁判所で手続きがなされます。

　この場合、区がこの処分に至った経緯を記す一連の書類や命令書等を裁判所に提出して審理が行われることになります。

　裁判所では、当事者の陳述を聴き、検察官の意見が求められます。

　なお、区は情報を提供するだけであり、当事者にはなりません。

　このような過程を経て過料が確定され、裁判所の職権によって徴収されることとなります。詳細は非事件手続法に規定があります。

　行政代執行等については後述しますが、いずれにせよ、命令を発することには、その後の事項も十分考慮した上で、判断することになります。

　差し迫った当該地での危険性はもちろんですが、上記のことも念頭に置いた上での決断が求められることは確かなようです。

での特定空家等に該当し、除却を前提とした是正措置の対象になっていることをお話しました。

福島： ところが、その後、すぐに空き家周辺の土地を買い集めていた自称「地上げ屋さん」によって空き家とともに土地も買い取られてしまいました。

矢越： 職員は前の所有者に売買する際、新しい所有者となる自称「地上げ屋さん」に当該建物が空家法に基づく是正対象となっていることを伝えているかを確認したところ、買主はその事実を承知した上で購入していると回答がありました。

福島： そこで、職員は自称「地上げ屋さん」に連絡をとり、いつ頃除却をされるかを尋ねたところ、猛反発を受けてしまいました。

矢越： 「お前ら行政の連中に、あーだ、こーだといわれる筋合いはない。俺は長年、土地建物に関わる仕事をしてきたから、分るんだ。まだ、この建物は十分にもつから除却なんかはしねーよ。」とすごい剣幕で怒鳴られてしまいました。

福島： 既に屋根が抜け落ちて、壁も剥離落下して、傾きだしているので、いつ隣のアパートに崩れて被害を及ぼすか知れない状況にあると説得しても耳を貸しませんでした。

矢越： おそらく、除却して更地にしてしまうと、固定資産税の住宅優遇措置が解除されて税額変更（増額）となることを避けようとしていたと思われます。

福島： もっと酷いことには、1月1日の課税基準日までに売買成立に伴う登記変更の手続に買主がなかなか応じなかったために、都税事務所から前の所有者宛てに固定資産税の納付書が送付される事態となりました。

矢越： 前の所有者からどうしたらいいかと相談を受け、都税事務所に対応を聞くことになってしまいました。

福島： 都税事務所としては、登記簿で所有者を確認して課税するしかない（課税台帳主義）ので、とりあえずは、前の所有者に支払って頂き、その後、真の所有者（自称「地上げ屋さん」）からその金額を返して貰うなどの当事者間でやり取りをして頂くしか手がないとのことでした。

矢越： その後、しばらくして、前の所有者からまた相談が入り、売買契約に基づくお金も

貰えていない状態が続いて困っていることでした。

福島： 結局は弁護士と相談され、契約を解除して、新しい不動産業者と売買契約を結びな
おしたと報告が入りました。

氏名公表制度

山口： 氏名公表制度は、全国で初めて空き家条例を制定した所沢市の条例で設けられてい
ます。

高橋： 所沢市では、命令に応じない所有者等に氏名や住所等を公表する旨を伝えたところ、
是正についての改善が見られたとして、その有効性が示されています。

山口： 所沢市総合政策部危機管理課防犯対策室の前田広子氏が執筆された「所沢市空き家
等の適正管理に関する条例について」（生活環境の保全と防犯のまちづくりの推進の
ために）という論文によると、公表の方法としては、市の施設の告示板への掲示や、
当該空き家付近の公道等へ看板を設置する方法等が考えられるとしています。[※21]

高橋： また、空き家が発生する状況は、個々のケースにより異なることが考えられるため、
公表に当たっては、慎重に行う必要があるとされ、所有者側からの弁明の内容が適正
なものか、公表をすべきか否か等の判断を条例策定に関わった部署や関係機関と必要
に応じて協議を行うとしています。

山口： 現在は、まだ、公表に至る事例は発生していないが、所有者等に対して空き家の適
正管理に向けての行動を起こさせるきっかけになっていることは間違いないと考えて
いるとしています。

高橋： この氏名公表制度は、空家法には規定されていない制度ですが、命令に応じない所
有者等に対して是正を自主的に行わせる有益な方法として、採用する自治体が増えて
います。

[※21] 所沢市空き家等の適正管理に関する条例について
（生活環境の保全と防犯のまちづくりの推進のために）
所沢市総合政策部危機管理課防犯対策室　前田広子　著
http://www.hitozukuri.or.jp/jinzai/seisaku/81sien/01/12/402.pdf
（最終閲覧日：平成30年3月10日）

行政代執行

矢越： 空家法第14条第9項には、同条第3項で規定するに命令に所有者等が応じない場合は、行政代執行法で定める代執行ができると規定しています。

福島： 一般に、この代執行を行う際には、次の2点について要件を備える必要があるとされています。①他の手段によってその履行を確保することが困難（補充性の要件）、②その不履行を放置することが著しく公益に反すると認められるとき（公益性の要件）。

矢越： しかし、空家法に基づく代執行では、行政代執行法における上記要件2点の検証作業は省略されていて、行政が直接自ら又は業者（第三者）に委託して行うことができるとされていますね。

福島： 代執行を実際に行う手続については、右のページのような条文が定められています。

矢越： ただし、これに係った費用は、第2条の規定文の通り、徴収（回収）する必要があるとされています。そして、その徴収方法は、①第6条の規定により、国税滞納処分の例により、徴収する、②費用（債権）回収の位置付けは、国税及び地方税に次ぐ順位の先取特権とする、③第5条の規定により、所有者等に対して、実際に要した費用の額及びその納期日を定め、文書をもってその納付を命じることとなっています。

福島： ここで、所有者等が支払いに応じない場合の具体的な手続をみてみると、督促手続や財産調査、差押え、不動産鑑定評価、公売等の事務を行っていく必要があります。

矢越： これらの手続や事務は、正直いって、一般の行政の担当職員では対応できかねます。国税滞納処分の例によって税金を徴収する部署で、普段からそのような専門的な業務をしている職員なら別ですけど。

福島： やはり、このような場合に備えて、東京弁護士会館での空家法の説明会で弁護士の方がお話されていたように、行政が弁護士に必要に応じて契約を結んで対応した方がいいと思われます。

矢越： また、区長を含む有識者の方々を構成員とする空家法第7条で規定する協議会で、税の投入に当たる代執行を実行するのか、また、費用回収において弁護士会と顧問契約を結ぶか等について審議をして頂くことが大変重要となってくると思われます。

行政代執行の要件

> **空家法**
> 第14条第9項　市町村長は、第三項の規定により必要な措置を命じた場合において、その措置を命ぜられた者がその措置を履行しないとき、履行しても十分でないとき又は履行しても同項の期限までに完了する見込みがないときは、行政代執行法（昭和23年法律第43号）の定めるところに従い、自ら義務者のなすべき行為をし、又は第三者をしてこれをさせることができる。

> **行政代執行法（昭和23年5月15日法律第43号）**
> 第2条　法律（法律の委任に基く命令、規則及び条例を含む。以下同じ。）により直接に命ぜられ、又は法律に基き行政庁により命ぜられた行為（他人が代ってなすことのできる行為に限る。）について義務者がこれを履行しない場合、他の手段によってその履行を確保することが困難であり、且つその不履行を放置することが著しく公益に反すると認められるときは、当該行政庁は、自ら義務者のなすべき行為をなし、又は第三者をしてこれをなさしめ、その費用を義務者から徴収することができる。

行政代執行の手続

> **行政代執行法**
> 第3条　前条の規定による処分（代執行）をなすには、相当の履行期限を定め、その期限までに履行がなされないときは、代執行をなすべき旨を、予め文書で戒告しなければならない。
> 2　義務者が、前項の戒告を受けて、指定の期限までにその義務を履行しないときは、当該行政庁は、代執行令書をもつて、代執行をなすべき時期、代執行のために派遣する執行責任者の氏名及び代執行に要する費用の概算による見積額を義務者に通知する。
> 3　非常の場合又は危険切迫の場合において、当該行為の急速な実施について緊急の必要があり、前二項に規定する手続をとる暇がないときは、その手続を経ないで代執行をすることができる。
>
> 第4条　代執行のために現場に派遣される執行責任者は、その者が執行責任者たる本人であることを示すべき証票を携帯し、要求があるときは、何時でもこれを呈示しなければならない。

略式代執行

山口：　行政代執行は、特定空家等の所有者等やその居住先等が調査によって判明していて、助言・指導、勧告、命令の段階を踏んだ上での措置でした。

高橋：　ところが、実際は、登記簿を調べてもそれに記載された所有者名の人物は、既に死亡しており、住民票の調査においても、死亡又は転居後5年を経過していた場合は、住民基本台帳法の規定により、データが抹消され、相続関係者の名前が記載されている戸籍の入手まで到達できない等の不都合な真実があります。

山口：　また、空家法第10条に基づき、都税事務所に対して固定資産税情報の開示を請求した場合でも、当該空き家の老朽化が著しく、資産価値が既になくなっていて、免税扱いをされている場合は、特定空家等の所有者等に関する情報を得ることが大変難しくなります。

高橋：　こうしたなかで、特定空家等が、例えば、バス通り、商店街、通学路、災害時の避難経路に面した位置にあり、倒壊の危険性が急迫な場合に、通行人等の安全確保のために、至急対応を取らなければ、大惨事となると予測ができる状態となったとき、行政の取り得る措置として、略式代執行が第14条第10項に規定されています。

山口：　このような場合は、行政代執行のケースと違って、特定空家等の所有者等やその居住先等が判明していません。

高橋：　法律的には、「過失がなくてその措置を命ぜられるべき者を確知することができないとき」という表現となります。

山口：　また、「略式」とあるように、これまで必要とされた助言・指導、勧告、命令のプロセスを省略して、区長は、期限を定めて、所有者等（不明）が命じた措置を行わない場合は、区長又は区が委託した業者（委任した者）が公告した上で、その措置の代執行をできる仕組みになっています。

高橋：　この場合の「公告」については、区の掲示板に掲示して、その掲示があったことを官報にも掲載します。ただ、官報の掲載に代えて、区の「広報」・「公報」等に掲載することもできます。

即時執行（安全緊急措置・応急措置）

山口： 空家法が成立した後、多くの自治体では、空き家条例において、この即時執行の規定を「緊急安全措置」や「応急措置」という名前で付加する動きが見られます。

高橋： 空家法には、即時執行の規定は設けられていませんが、弁護士会館や都庁舎で「空家法の連続勉強」で講義をされている北村先生のお話では、条例でこの即時執行を定めて運用していくことは、大変有意義であるとされ、「即時執行」は、今では多くの自治体の条例で、「標準装備」ともいえる存在となったとのお話をされています。

山口： なぜ、このように即時執行という規定が条例で、新たに設けられる動きとなったのでしょうか。

高橋： それは、①特定空家等の場合、所有者等や居住先等について行政が調査を行っているが、まだ判明できていないときに、倒壊等の危険が差し迫っていて、行政が何らかの措置を緊急に講じなければならないことがある、②所有者等や居住先を把握できていたとしても、空家法では助言・指導、勧告、命令等の段階を踏みながら是正を求めて行くことが原則となっている。しかし、これにはその指導等に相当な時間がかかる場合が考えられ、上記のような緊急事態が発生したときの行政の対応を考えなくてはならないという事情があるからです。

山口： この即時執行には、「法律の根拠」が必要とされていますが、一般に「条例」も法律と同じ自主立法（国民や住民が選んだ代表者たる議員が、民主的な手続きによって議会で決めたルール）であり、憲法第94条で、「法律の範囲内」における自治体での条例制定権が認められているため、「法律の根拠」となり得るとされています。

高橋： この点、憲法で規定される「法律の範囲内」の解釈については、昭和50年9月10日の徳島市公安条例事件の最高裁判決で、法律と条例の関係についての基準が示されています。詳細は、211頁の表を参照して下さいね。

山口： 平成25年3月11日（月）午後4時から総務省10階供用会議室1で開催された「地方分権の進展に対応した行政の実効性確保のあり方に関する検討会（第10回）」の資料では、「地方自治体は行政の実効性確保のため、条例で独自に①行政刑罰、②行政上の秩序罰（過料）、③即時執行を定めることができる」とされ、放置自転車防止条例に基づく、放置自転車の撤去が具体例として書かれています。[※22]

略式代執行の費用の回収について

> **空家法**
> 第14条
> 10　第三項の規定により必要な措置を命じようとする場合において、過失がなくてその措置を命ぜられるべき者を確知することができないとき(過失がなくて第一項の助言若しくは指導又は第二項の勧告が行われるべき者を確知することができないため第三項に定める手続により命令を行うことができないときを含む。)は、市町村長は、<u>その者の負担において、</u>その措置を自ら行い、又はその命じた者若しくは委任した者に行わせることができる。この場合においては、相当の期限を定めて、その措置を行うべき旨及びその期限までにその措置を行わないときは、市町村長又はその命じた者若しくは委任した者がその措置を行うべき旨をあらかじめ公告しなければならない。

　上記枠内の下線にあるとおり、略式代執行は、行政代執行法に基づく代執行とは異なり、「その者の負担において」と規定されています。

　そのため、費用徴収（回収）方法は、行政代執行法のような「国税滞納処分の例」によらず、区が民事訴訟を提起し、裁判所による給付判決を債務名義として民事執行法に基づく強制執行（司法的執行）に訴えることとなります（地方自治法施行令第171条の2第3号参照）。

　ただし、上述したように、特定空家等の所有者等や居住先等は不明であり、「確知」できない状態にあります。

　よって、後日、徴収すべき相手方が判明したときに、費用の請求を行うことになります。この場合も、やはり、弁護士と相談した上で、徴収すべき相手方の資産調査等を含めて費用徴収の事務をお願いすることになると思われます。つまり、略式代執行を行う際は、予め弁護士費用の準備が必要であるということになります。

　ちなみに、略式代執行のケースにおける請求の相手方が確知できない場合の対応としては、①従来の住所又は居所を去った者（不在者）が自己の財産についての管理人を置かなかったときに利害関係人又は検察官の請求により裁判所がその財産について必要な処分を命ずることができるという不在者財産管理人制度を活用する場合（民法25条）と、②相続人不存在等で利害関係人又は検察官の申立によって裁判所から選任された相続財産管理人（民法952条）が相続財産を処分して費用回収を図る場合とが考えられます。

※下記の地方自治法施行令第171条の2第3号の下線部分を参照のこと

地方自治法施行令（昭和22年5月3日政令第16号）
（強制執行等）
第171条の2　普通地方公共団体の長は、債権（地方自治法第231条の3第3項に規定する歳入に係る債権（以下「強制徴収により徴収する債権」という。）を除く。）について、地方自治法第231条の3第1項又は前条の規定による督促をした後相当の期間を経過してもなお履行されないときは、次の各号に掲げる措置をとらなければならない。ただし、第171条の5の措置をとる場合又は第171条の6の規定により履行期限を延長する場合その他特別の事情があると認める場合は、この限りでない。一　担保の付されている債権（保証人の保証がある債権を含む。）については、当該債権の内容に従い、その担保を処分し、若しくは競売その他の担保権の実行の手続をとり、又は保証人に対して履行を請求すること。

二　債務名義のある債権（次号の措置により債務名義を取得したものを含む。）については、強制執行の手続をとること。

三　<u>前二号に該当しない債権（第一号に該当する債権で同号の措置をとつてなお履行されないものを含む。）については、訴訟手続（非訟事件の手続を含む。）により履行を請求すること。</u>

行政代執行と略式代執行の費用回収について

		行政代執行	略式代執行	
執行件数（※）		5件	14件	
請求相手	空家等の所有者等	確知できている	確知できていない	
	徴収すべき相手が判明したとき		相手への支払請求、民事訴訟による支払請求	
費用の回収方法		国税滞納処分の例による費用回収（所有者等への支払請求、差押え、公売等）	①不在者財産管理人制度（民法25条）での費用回収 ②相続財産管理人制度（民法952条）での費用回収	制度の活用件数（※） 7件

執行件数（※）及び制度の活用件数（※）について
地方公共団体の空き家対策の取組事例2（国交省のホームページ）
平成30年3月末時点の件数を参照
http://www.mlit.go.jp/common/001239420.pdf
（最終閲覧日：平成31年3月11日）

高橋： この資料では、即時執行が「条例に定められた行為」の「地方自治体の実力行使」であり、その例として「放置自転車の撤去」（放置自転車防止条例）があげられているわけですね。

山口： 条例によって放置自転車の撤去を行う場合は、駅周辺等の自転車の放置を禁止する範囲を決め、そこに注意を促す監視員を巡回させた上で、放置された自転車にいつ頃撤去する等を知らしめる貼紙やタグ等を付けた後に、予め決められた時間に撤去が実行されます。

高橋： その場合、撤去費用をあえて所有者に求めることはしていません。所有者が自転車の保管場所に取りに来た場合は支払って頂くことはありますが、そうでない場合は、それ以上の所有者に対する調査は行っていませんし、請求もしていません。

山口： このように考えると、①特定空家等に対して条例で即時執行の規定を設けて、②緊急安全措置又は応急措置として、区が通行人等の危険を回避する目的で、③特定空家等の危険個所を取り除くような措置を講じても、④その措置にかかった費用の回収については、放置自転車の場合と同様にあえて求めることをしなくても法律上は問題がないということになります。

高橋： この点、平成28年10月12日（水）午後3時〜5時に、都庁第2本庁舎31階特別会議室27で行われた「空家法の連続勉強会」で、講師をされていた北村先生に「空家法には、代執行の規定がありますが、急を要する緊急事態の場合が発生したときに備えて、条例で区又は警察・消防にて空き家の危険個所を部分的に取り除く応急措置の仕組みを作ろうかと考えています。その場合、空き家の所有者等やその居住先等が不明なので、事前の通知の発送も省略して行い、応急措置に係る費用の回収も積極的に行わなくてもよいとする形にしようかと思っておりますが、法律上、問題となりますでしょうか。」と質問したところ、「大変いい質問です。いままで、私がこういう場所で講義を続けてきたのは、条例で即時執行の規定を設ける必要性を訴えるためでした。即時執行を条例で設けることは、法律上全く問題はなく、しっかりとした根拠となり得ます。費用の回収についても、即時執行である応急措置である場合には、回収しないとしても問題はありません。」とのご回答を頂きました。

(※22) 総務省のホームページ
①地方分権の進展に対応した行政の実効性確保のあり方に関する検討会
http://www.soumu.go.jp/iken/gyousei_jikkousei_kakuho.html
②上記の資料
http://www.soumu.go.jp/main_content/000214693.pdf
（最終閲覧日：平成31年3月11日）

即時執行の定義

塩野宏先生の本（塩野宏 著、「行政法Ⅰ第6版」、2015年7月、有斐閣、P.277）では、

> 相手方に義務を課すことなく行政機関が直接に実力を行使して、もって、行政目的の実現を図る制度

であるとしています。

また、宇賀克也先生の本（宇賀克也 著、「行政法概説Ⅰ第6版」、2017年12月、有斐閣、P.107）では、

> 義務を命ずる暇のない緊急事態や、犯則調査や泥酔者保護のように義務を命ずることによっては目的を達成しがたい場合に、相手方の義務の存在を前提とせずに、行政機関が直接に身体または財産に実力を行使して行政上望ましい状態を実現する作用

であるとしています。

この点、北村先生他の本（P.136）では、

> 即時執行とは、一般的に、義務の賦課を前提としないで、行政機関が直ちに国民の身体または財産に実力を加え、急迫の障害を除き、行政上必要な状態を実現する作用

と書かれています。

（昭和50年9月10日、徳島市公安条例事件の最高裁判決）

この判決では、
① ある事項につき条例しか存在しない（法律の規定が無い）場合は、
　→ 法が特に当該事項についていかなる規制をも施すこと無く放置すべきものとする趣旨なのに、条例でそれを規制してしまったのなら違憲、
② ある事項につき法律と条例が併存する場合で、
　ア）条例が法律と別の目的のとき
　　→ 条例の適用によって法律の目的を阻害しない限り合憲
　イ）条例が法律と同じ目的のとき
　　→ 法律が全国一律規制を施す趣旨で無く、地方の実情に応じた別規制を容認する趣旨なら合憲

という基準を示しました。

山口: ここで、費用回収を求めなくてもよいとする根拠について検討しましょう。

高橋: 区が、空家法第14条第9項で規定する行政代執行、或いは第10項で規定する略式代執行の措置を講じた場合は、特定空家等の所有者等に対して、費用回収を求める動きが必要となりましたね。

山口: しかし、この即時執行は、行政代執行や略式代執行の措置とは、費用に関して考えが異なっているためにあえて回収は不要としても問題はないとされています。

高橋: 行政代執行と略式代執行は、本来、所有者等が空き家等を適切に管理しなければならない義務を怠って、倒壊等の危険な状態を招き、近隣住民の生命や身体の安全、生活環境の保全等を著しく脅かしていることへの緊急措置として発動されます。

山口: そのため、倒壊等の危険な部分の除去等を目的としているので、その措置の範囲もおのずと必要最小限度のものとなります。

高橋: でも、除去等の措置に係った費用については、行政がやむなく所有者等に代わって緊急に出費したものだから、所有者等から回収する必要があるわけですね。

山口: これに対して、即時執行は、予め住民サービスのための予算として設けられた「行政費用」で行われるために、費用の回収を求めなくてもよいとされています。

イラスト作成：著者

費用徴収（回収）に当たっての効果裁量

先の都庁舎での連続勉強会で、即時執行の費用を徴収（回収）するか否かについて、条例の「規定文」から見た場合の分析もありました。[※23]

費用徴収を以下の4つのカテゴリーに分けています。

①「する」とした場合、手続きの義務は生じるが、徴収の結果の義務はない。
　例）伊勢崎市条例第7条第2項、柏崎市条例第8条第2項、鳥取県条例第8条第2項
　　　「請求するものとする」
②「できる」とした場合、行政の裁量権が働き、徴収しない方向性が強い。
　例）宇都宮市条例第16条第2項、岡山市条例第12条第2項、仙台市条例第7条第2項
　　　「徴収することができる」
③「しない」とした場合、行政費用として対処するため、徴収しないと宣言したもの。
　例）飯田市条例第8条第2項、北上市条例第21条第3項
　　　「市が負担する」
④費用徴収に触れない「沈黙」型の場合もある。
　例）上越市条例第15条、宮崎市条例第11条

このように、即時執行の場合は、費用の回収について、自治体の裁量的判断で決めることが可能であることが分かります。

[※23] 第2回　東京弁護士会　連続勉強会（2016年10月12日）
「空家法の実施における法的論点」の講義用の配布原稿
「空家法14条10項にもとづく略式代執行および条例にもとづく即時執行の費用徴収」
北村喜宣（上智大学法科大学院教授）著

認知症大国ニッポン

福島： 厚生労働省のホームページでは、「認知症施策推進総合戦略（新オレンジプラン）～認知症高齢者等にやさしい地域づくりに向けて～」と題するパンフレットをダウンロードすることができます。

矢越： このパンフレットには、「わが国の認知症高齢者の数は、2012（平成24）年で462万人と推計されており、2025（平成37）年には約700万人、65歳以上の高齢者の約5人に1人に達することが見込まれています。」とあり、「団塊の世代が75歳以上となる2025（平成37）年を見据え、認知症の人の意思が尊重され、できる限り住み慣れた地域のよい環境で自分らしく暮らし続けることができる社会の実現を目指し、新たに「認知症施策推進総合戦略～認知症高齢者等にやさしい地域づくりに向けて～」（新オレンジプラン）を関係府省庁と共同で策定しました（平成27年1月27日）」と記載しています。(※24)

福島： 平成28年8月1日（月）午前9時30分からの東京弁護士会館3階301号室で行われた「空家法の実施における法的論点」という講義で、北村先生は独居老人が認知症を患っていた場合の行政の対応について、警鐘を鳴らされました。詳細は、北村先生ご著作の『空き家問題解決のための政策法務』-法施行後の現状と対策-（平成30年2月5日、第一法規）の242頁以下に書かれています。

矢越： この本の中では、「行政が所有者等として把握された相手方との連絡・交渉をした結果、同人の正常な判断能力に疑問を持つに至ったとする。こうした場合に、行政としては、どのように対応すべきだろうか。行政法による義務づけの前提には、法律または行政処分の名宛人は事理弁識能力（＝物事の当否や利害を判断できる力）を有していることである。ほとんどの場合はこの前提の通りであるが、例外的に、たとえば、高齢の認知症患者であったりするために、この前提があてはまらない場合がある。」と書かれ、種々問題提起をされています。

福島： ここで、北村先生が指摘されたことを踏まえて、法律の規定や制度等を眺めてみると、右のページのような大前提の上で法律の仕組みが出来上がっていることに気付かされます。

矢越： しかし、現実には、この大前提を脅かすような事情を抱えた社会となっています。そこで、北村先生が指摘された点を念頭に置いて考えた場合、右のページのような事例を想定することができるのではないかと思われます。

【著者の考えた法制度がしっかり機能するための大前提】

①指導・勧告・命令・代執行等の処分対象者やその居住先等については、行政はしっかりと把握できている。
②処分対処者には、事理弁識能力がある。
③もし、処分対象者が、認知症や精神障害等によって事理弁識能力を欠く場合は、成年後見制度によって後見人を立てて法律行為が可能となる。
④命令を拒否し、代執行等の処分を受けたとしても、当事者にはその費用徴収に応じるだけの資産がある。

【著者が想定した法制度が機能しなくなった場合の事例】

①特定空家等の所有者等が、認知症の疑いのある高齢者や精神疾患を患っている者等であった場合は、行政指導や命令を受けても、「事理弁識能力」が欠けているとされ、行政法上、法的効果に疑義が生じる。
②そのため、このような場合には成年後見制度を利用し、家族等が弁護士に依頼し、裁判所での手続を経て後見人を立てることになるが、所有者等にその面倒を見てくれる家族等がいないときや費用の捻出が出来ない事情があるときは、この成年後見制度の利用自体が難しい。
③身寄りのない認知症の所有者等が区内に居住している場合は、福祉部門と連携して、成年後見制度の申立てを裁判所に行うことは可能かも知れないが、区外居住者だった場合は、居住先の自治体の判断となるため、制度利用そのものが難しくなる。
④特定空家等の所有者が、資産の少ない年金暮らしをしている高齢者等であった場合、命令を発しても経済的にそれに応じることができず、ましてや、代執行等を行った際の費用の徴収については見込みが立たない。

(※24・25) 厚労省のホームページ
http://www.mhlw.go.jp/file/06-Seisakujouhou-12300000-Roukenkyoku/nop101.pdf
①認知症施策推進総合戦略（新オレンジプラン）パンフレット
②〜認知症高齢者等にやさしい地域づくりに向けて〜（概要）「認知症患者は2025年に700万人を突破。65歳以上の5人に1人」
（最終閲覧日：平成31年3月11日）

福島：　これらの事項については、先の本（P.244）において、空き家所有者Aが認知症を患っていると行政B市が判った場合でも、「家庭裁判所が医師による鑑定を要するとする場合が約10％程度あり（家事事件手続法119条）、そうなれば、後見開始の審判までには、3～4ヶ月の審理を要するといわれる。選任されれば、裁判所の処分許可を得て自主的除却がされるだろうが（その場合でも、措置の名宛人はAだろうか）、それまでの間は、特定空家等と認定されている家屋を危険なまま放置するしかないという事態になる。B市が空き家条例を制定して、即時執行を規定していたとしても、必要最小限の措置しか講じえない。当該特定家屋等の前面道路がB市道であれば、地元警察とも調整のうえ、通行に注意する標識を出すかそもそも通行止めにしておかなければ、万がーの事故の際には、国家賠償責任を問われかねない。難しい実務上の問題である。独身独居老人の数が急増している現状に鑑みれば、日本も批准している「障害者の権利に関する条約」に配慮して、その自己決定権を尊重しつつも、公益との調整をするための何らかの特別法的仕組みが必要と感じる。」と、指摘されています。

矢越：　そのため、多くの自治体では、このような現実を踏まえた上で、①住民の危険を回避する有効な手段として、②自治体が行政指導を行っていても、所有者等が認知症を患っていた場合には行政法上の法的効果に疑義が生じる事態となることを率直に受け止め、③成年後見制度の仕組みが動き出すまでの間について不作為とみなされ、国家賠償法で訴えられないような予防的措置が実施できるように、即時執行を条例で規定しようとする動きとなったといえます。

福島：　また、北村先生は、先の『空き家問題解決のための政策法務』（P.256）で、「全面施行から2年半を経過し、空家法については、市町村の行政実務を通じて、多くの法的課題が認識されるようになってきた。その多くは、議員提案である同法の立法過程においては想定されていなかったもののように思われる。市町村の空家法実施により蓄積される経験は、ガイドラインの将来の改定などに反映されるだろう。」とし、「裁判例を待つことなく、独自の解釈にもとづいて行動すべき場面も少なくないように思われる。」と書かれています。

矢越：　「また、市町村同士の情報交換・共有は、地域特性に適合するように空家法を実施する実務に、大きな影響を与えるだろう。国や都道府県には、そうした取組みを促進するようサポートが望まれる。市町村の政策法務対応が、将来の改正を含めて、空家法を進化させるのである」と今後の行政のより積極的な対応について期待を寄せられています。

認知症大国ニッポンの現状

認知症施策推進総合戦略(新オレンジプラン)
～認知症高齢者等にやさしい地域づくりに向けて～

はじめに

○わが国の認知症高齢者の数は、2012(平成24)年で462万人と推計されており、2025(平成37)年には約700万人、65歳以上の高齢者の約5人に1人に達することが見込まれています。今や認知症は誰もが関わる可能性のある身近な病気です。

○厚生労働省では、団塊の世代が75歳以上となる2025(平成37)年を見据え、認知症の人の意思が尊重され、できる限り住み慣れた地域のよい環境で自分らしく暮らし続けることができる社会の実現を目指し、新たに「認知症施策推進総合戦略～認知症高齢者等にやさしい地域づくりに向けて～」(新オレンジプラン)を関係府省庁と共同で策定しました(平成27年1月27日)。

関係府省庁
内閣官房、内閣府、警察庁、金融庁、消費者庁、総務省、法務省、文部科学省、農林水産省、経済産業省、国土交通省

(出典:厚労省のホームページ)

わが国の認知症高齢者の数が2025年には約700万人、65歳以上の高齢者の5人に1人に達すると予想されています。東京23区の人口の800万人と匹敵する規模になりますからこうなると放置された空き家の所有者に対する除却命令や行政代執行等の法的な措置は期待できないかもですね。

矢越主任

≪第2編第2章　確認メモ≫

※下記の（　　）の空欄を埋めてみましょう。

（1）「死に地」と呼ばれる（　①　）ができた理由のひとつに、借地制度の時代的な背景がある。大地主側の相続に伴って、土地を借地人に切売りをしだした際に、建築基準法の（　②　）要件を満たさないで、土地を（　③　）してしまったことが考えられる。

（2）（　①　）で接道要件を満たすためには、幅員（　④　）メートル以上の路地状敷地を設定する必要がある。ただし、その敷地を設定する際に、その敷地を隣家から（　⑤　）で借りることになるが、その幅員については民法上の（　⑥　）通行権を主張するだけの幅員でよいのか、それとも建築基準法で再建築が認められるまでの幅員を要求した方がいいのかが問題となり、裁判で争われた事例がある。

（3）（　②　）要件を満たさない水路に接する敷地であっても、その水路が建築基準法上の道路と指定を受けた区道等の公道を構成する（　⑦　）に取り込まれているケースでは、例外的に再建築が認められる場合がある。

（4）空き家に関するトラブルは、「（　⑧　）の原則」に従って行政では民事上の問題として扱われてきた。しかし、空き家問題が単に個人の財産上の維持管理に関する問題ではなく、地域の生活環境の保全に関する重大な問題として扱われるようになり空き家対策の条例が全国規模で制定された。

（5）空家法の成立によって、（　⑨　）と呼ばれる倒壊等著しく保安上危険となるおそれのある状態等の空き家が、行政によって是正される対象となった。

（6）空家法第7条の規定により設置される（　⑩　）は、自治体の長を含む有識者や住民の代表者等で構成され、空き家が（　⑨　）に該当するかの判断やその是正措置等について協議を行うための場として活用される。

（7）行政によって（　⑨　）と認定された場合は、地方税法の改正により、住宅用地の特例（優遇措置）が解除され、（　⑪　）税や都市計画税が、本来の額まで増額変更されることになった。

確認メモの解答は、P.20です。

（8）空き家所有者が行政から除却等の命令を受けても従わず、近隣住民の生命・身体及び財産に対して危険を及ぼす事態が急迫なときは、行政がやむを得ず（　⑫　）や略式代執行を発動する場合がある。

（9）相手が確知できた場合の（　⑫　）における費用回収方法は、所有者への直接の費用請求や財産の差押え、公売等の（　⑬　）処分の例に従って行われる。

（10）相手が確知できない場合に発動される略式代執行での費用回収方法としては、民法25条における（　⑭　）制度や民法952条における（　⑮　）制度がある。これらの制度を財産管理人制度と呼ぶ。

（11）代執行が行われた場合の費用回収は、自治体にとっては大変な重荷になっている。これに対して、（　⑯　）の規定に基づく安全緊急措置や応急措置は、予め住民サービスの予算として設けられた（　⑰　）で行われるため、費用回収をしなくても良いとされる。そのため、（　⑯　）の規定が空き家条例においては標準装備の位置付けをもって全国的に拡がりをみせている。その規定の具体的な周知事例としては放置自転車の撤去等があげられる。

（12）厚生労働省の調べでは、（　⑱　）症高齢者の数が、2025年には約700万人、65歳以上の高齢者の5人に1人に達すると見込まれている。

（13）空き家の所有者が（　⑱　）症患者だった場合には、（　⑲　）能力がないために、行政がいくら指導・勧告・命令等の是正措置を講じても、法制度における効果が期待できない状況下におかれる。

（14）行政が、空き家所有者が（　⑱　）症患者だと判った場合でも、後見開始の審判までには相当の時間が必要とされ、その間に空き家が倒壊して、通行人に怪我を負わせるような事態となった場合は、行政の不作為とみなされ（　⑳　）法で訴えられる可能性もある。

第2編
空家法関連編

第3章　直面する様々な課題のお話

空き家所有者の実態について

山口: 空家法の第9条では、行政が空き家等の所有者等について調査できる権限が規定されていますが、調査が進むにつれて、問題が解決できそうか否かの見通しが立つようになります。

高橋: 空家法の是正措置は、所有者側の自発的な解決に向けての行動を期待したもので、助言や指導等を通して、行政はその行動を促すことが大前提となっています。

山口: しかし、所有者側がその是正に向けた行動を開始できない事情があった場合には、行政としては手の打ちようのない事態に直面することになります。

高橋: 空き家の所有者が経済的に逼迫している場合は、助言・指導を行っても、対応できないと返答されてしまい、それ以上のことは出来なくなります。

山口: 空き家所有者にも、色々な事情を抱えており、問題となっている建物を最初から悪意でもって管理不全な状態になるよう仕向けて放置し続けたわけではないのです。

高橋: 親が亡くなって、その親が生前住んでいた建物を相続したが、誰も住むことがなく、そのまま空き家となり、年数が経ってしまったというパターンが一般的です。

山口: その後、①相続する際に高額な相続税を支払ったら、手元に現金がなくなってしまった。自分の生活を続けるだけで、空き家の維持管理費に使うお金がない、②病気をしてしまい、働けなくなったので、生活保護を受けている。空き家の管理についての費用は、受給している保護費から生活費を削って工面するしか方法がないが、空き家の修繕費を賄うだけの金額はとても用意はできない、③相続人に当たる子供はいるが、非正規雇用の仕事のため、ぎりぎりの生活をしていて、空き家の維持管理費を捻出することは難しい等の事情を抱えたケースが見られます。

高橋: このような経済的な苦境に立つ所有者や相続人に是正指導を行っても、その効果については見込めないでしょう。

山口: それでは、行政がそのような経済的な事情を抱える所有者に代わって、公費を投入し、空き家の修繕や除却等を行うことは、妥当な措置と言えるのでしょうか。

高橋: 仮に、空き家と土地の所有者が同一人物であった場合は、土地の売却によって、問

題を解決できるかも知れません。

山口： しかし、現在は昔と違って、土地を売却するときは、事前に土地の所有権境や実測面積等を確定することが一般的な流れとなっています。

高橋： そのため、土地の測量作業や売買のための不動産手数料等に一定の費用が係るため、それに対応できる資金がない場合は、土地の売却も難しくなってしまいます。

山口： 買主側がその費用を含めて買い取るとした場合、話は別となりますが、売主側としては、不公正な金額で買い叩かれてしまう危険性を承知の上で話を進めるしか方法がなくなってしまうでしょう。

所有者が認知症・精神疾患であった場合

矢越： 空き家等の所有者等が、認知症を患っている場合の不都合な出来事については、即時執行の節でお話しました。これと似た状況として、所有者等が精神疾患を患っている場合もあります。

福島： 当区でも、近隣住民から相談を受けたので、調査を行ったところ、登記上の所有者は既に死亡していました。そこで戸籍の入手が運よくできたところから、相続関係人と思われる人物について更に調査を行ったところ、精神疾患のため施設に入所中という事実が判明しました。

矢越： この相続関係人に成年後見人が立つ場合は、問題解決に見込みが持てますが、現状、その相続関係人を支える親族等がおらず、費用の面で弁護士等を雇う資力がないときは、どうしようもありません。当該相続関係人が亡くなったとき、この方に代わる相続関係人を改めて探すことになると思われます。

無接道敷地（死に地）の場合

福島： 区道等の公道であり、かつ、建築基準法上の道路に、空き家等の敷地が接していた場合は、再建築が認められる敷地として、資産評価が高く、売買が可能な場合が出てきます。

矢越： たとえ、先ほどの話にあったような不都合な事情があったとしても、民間レベルでは、土地の売却の可能性があるために、問題となる空き家等は除却されることに繋が

ると期待が持てます。

福島： しかし、建築基準法上の道路に接道要件を満たさない敷地の場合は、解決は見込めなくなります。

矢越： なぜなら、①近隣の土地所有者が合筆して敷地を広げる計画がある場合は別ですが、一般には再建築不可のため、民間レベルでの土地の売買がなされなくなる、②相続人不存在又は相続放棄となった場合に、裁判所に国庫帰属の申請をしようと考えても、相続財産管理人がその相続財産を売却処分して換価（換金）できないときは、現金にて納金できないため、国庫帰属そのものが難しくなる、③仮に行政が代執行を行ったとして、費用回収の目的のためにその敷地を差押後、土地を競売して換金したくても、誰も買ってくれないだろうと予想がつくので、代執行そのものに抑制がかかってしまうからです。

福島： よって、土地の処分が進まないために空き家等はその後も放置され続けられることとなります。ちなみに、このような理由から、無接道敷地は資産価値がないことから、一般に、「死に地」と呼ばれています。

空き家と土地の所有者が異なる場合

山口： 空き家と土地の所有者が異なっている場合は、更に問題は深刻となります。区が空き家の除却を行ったとして、その費用の回収はどうすればいいのでしょうか。費用の回収に資する財産が空き家の所有者側にない場合は、どうすることもできなくなります。

高橋： この場合、区が行った対応に対して待っているのは、住民監査請求によって区の責任が問われる事態です。行政代執行法第2条でも、費用の徴収（回収）については規定されています。

山口： それは、行政代執行等に係った費用が、本来、空き家の所有者等が、自己の財産の処分について責任を持って負担しなければならないものであるにも関わらず、その責任を果たさず、近隣住民の生命や身体の危険や生活環境の悪化等を未然に防止する目的で、行政がやむを得ず税金から支出した費用だから、回収が必要とされるのです。

高橋： 確かに、住民にとって危険が無視できない状況下である場合では、たとえ費用の回収の見込みが難しくても代執行は行うべきでしょうね。

山口： 秋田県大仙市の例では、雪による空き家の倒壊等の課題に対応するため、平成23年12月に「大仙市空き家等の適正管理に関する条例」（平成23年12月26日条例第59号）が制定されました。そして、小学校に隣接する非常に危険な空き家に対して、同条例の第13条の規定に基づき、平成24年3月に全国初の空き家を解体する代執行が行われました。

高橋： この代執行に要した費用は現在も所有者に請求中の状況にあるそうですが、全額回収はできていないけれど、地域の安全・安心を守るための費用としては、決して高いものではなかったという判断があったそうですね。でも、こうした難しい局面を迎えた場合、できるだけ公費を投入しない形で、空き家を除却する方法は他にないでしょうか。

山口： 土地所有者と空き家所有者との間には、借地契約が存在しています。

高橋： 最近は、土地と建物がセットになって売られる戸建住宅が多くなっていますが、問題とされる空き家が建てられた当時は、大地主から土地を借りて、その上に家を建てるというのが一般的と思われていた時代でした。

山口： そのため、土地所有者である地主側と空き家所有者である借地人とで、借地法（大正10年4月8日法律第49号）に基づく土地の賃借契約があります。

高橋： この借地法は、平成3年10月4日に廃止されているため、旧借地法とも呼ばれています。現在はこの旧借地法に代わって、借地借家法（平成3年10月4日法律第90号）が、施行されています。ただし、この借地借家法の附則第5条には旧借地法第2条の但し書の経過措置が規定されており、現在も有効となっています。

山口： そこで、地主側に特定空家等の所有者に、旧借地法での上記の但し書を根拠に借地契約を終了させる方法も考えられます。

高橋： しかし、空き家所有者側には、当然除却費用を捻出する余裕がありませんので、地主側に建物の除却をするように仕向けるしか方法がありません。

山口： 地主側も見方によっては、老朽化した建物を地所に放置されて困っている被害者とも受け取れますので、その上、除却費も負担せよと迫った場合は、相当な反発を招くものと思われます。

抵当権が設定されていた場合

福島: 空家法第9条の規定により、特定空家等について登記調査を行った際、建物に民事的な債権が設定されていることが多々見受けられます。

矢越: 一般的には、「抵当権」が設定されているといいますが、簡単に言うと、当該建物が借金の担保となっている場合です。例えば、銀行等の金融機関からお金を借りる時に当該建物を担保とした場合、登記簿の権利部（乙区）所有権以外の権利に関する事項の欄に、その極度額4,000万円と金融機関名といったような記載がされています。

福島: このケースでは、担保となった建物には、最高4,000万円まで貸し付けることが可能という意味ですが、実際には、いくらの金額を借りているかは登記簿上では分かりません。

矢越: しかし、この建物は借りたお金が返済されるまで、金融機関の担保物件となっており、抵当権者（金融機関）としての財産にもなっていることは確かです。

福島: そのため、当該空き家等が「特定空家等」と指定を受け、除却等の処分が相当と判断された場合は、どうなるでしょうか。

矢越: 一般には、抵当権者の財産の保護も考慮する必要があるので、行政が所有者等に対して除却命令を発する場合は、事前に抵当権者とも相談した方がいいと思われます。

福島: そうでないと、抵当権者の財産権を行政が奪うとみなされ、今度は行政が、抵当権者から民事レベルで訴訟を起こされる危険が出てきます。

矢越: つまり、空家法に基づいて行政は、公法レベルでは、過失なく、業務を遂行したとして、その正当性を主張できるかも知れませんが、民事レベルでは、行政が不当に抵当権者の財産権を侵害したとみなされ、損害賠償責任が問われる可能性があります。

福島: 結局、特定空家等の所有者等と抵当権者等の民事的な処理が解決できない場合は、例えば、①借金の担保を別なものに付け替える、②抵当権者が債権回収を放棄する等の話し合いが成立しない限り、行政も手出しができないということになります。

矢越: よって、特定空家等に抵当権等の民事的な権利が設定されていた場合は、空家法によっても、そうは簡単に除却等の是正についての命令は出せないという現実と直面します。

空き家等が物納や差押物件の場合

山口： 親が亡くなった場合、親が所有していた土地や建物等は相続財産とされ、子供たちが相続するときは、相続税法により、「相続税」を払う義務があります。

高橋： しかし、子供たちに現金で相続税を払う資力がない場合は、その土地や建物を相続税の代わりとして「現物納付」が認められるケースがあります。この「現物納付」することを一般に「物納」と呼んでいます。

山口： 相続税は国税ですから、国税庁がその事務に当たりますので、物納された場合は、登記簿の権利部（甲区）の所有権に関する事項の欄に「〇〇年〇月〇日相続税の物納許可」と記載され、所有者も大蔵省や財務省の名義となっています。

高橋： 国税庁のホームページには以下のような記事があります。(※26)

1、制度の概要
　国税は、金銭で納付することが原則ですが、相続税については、延納によっても金銭で納付することを困難とする事由がある場合には、納税者の申請により、その納付を困難とする金額を限度として一定の相続財産による物納が認められています。

2、物納の要件
　次に掲げるすべての要件を満たしている場合に、物納の許可を受けることができます。
(1)　延納によっても金銭で納付することを困難とする事由があり、かつ、その納付を困難とする金額を限度としていること。
(2)　物納申請財産は、納付すべき相続税額の課税価格計算の基礎となった相続財産のうち、次に掲げる財産及び順位で、その所在が日本国内にあること。
　　第1順位　国債、地方債、不動産、船舶
　　第2順位　社債（特別の法律により法人の発行する債券及び出資証券を含みますが、短期社債等は除かれます。）、株式（特別の法律により法人の発行する出資証券を含みます。）、証券投資信託又は貸付信託の受益証券
　　第3順位　動産

(※26) 国税庁のホームページ
No.4214　相続税の物納[平成29年4月1日現在法令等]
https://www.nta.go.jp/taxes/shiraberu/taxanswer/sozoku/4214.htm
（最終閲覧日：平成31年3月11日）

山口： 空き家等が物納されていた場合は、国税庁が競売して換金する目的で管理しているので手出しができなくなります。住民から苦情が入って来ても、区は何もできません。

高橋： 以前、国税庁と電話でかけあったことがありましたが、国税庁は、建物の修繕や維持管理についてはノータッチだと言われました。競売処分が終わるまでは、所有者にその責任があるので、そちらでやって貰うよう話をするようにと指示を受けてしまいました。

山口： しかし、所有者には現金で相続税を支払う能力がないのですから、空き家等の維持管理や修繕等に向ける費用の捻出は困難な状況にあります。

高橋： したがって、実際は国税庁の主張通りにはいきませんので、区としても有効な手立てはなくなってしまうという現実と直面します。なお、法人事業税等の滞納により、都税事務所が裁判所の手続を経て差押している場合があります。これについても、前述と全く同様な現実が待っています。

空き家と民事規定

山口： 行政が直面する課題を通して、空家法をもってしても解決が困難なケースがあることを述べてきました。

高橋： つまり、法律の規定で想定された制度や仕組み等が正常に稼働するための「社会的な大前提」が存在しているということであり、その「社会的な大前提」が崩れた場合は、機能不全に陥るということです。

山口： ここで、著者が「社会的な大前提」と勝手に名付けていましたが、例として挙げてみると、①法律行為における当事者は、事理弁識能力が予め備わっている、②仮に認知症や精神疾患といった理由で、事理弁識能力に欠けた場合でも、成年後見制度により、後見人がその補佐を行うことが可能となっている、③財産については、所有者が亡くなっても、子供や孫等に正常に相続されることとなっている、④代執行等を実行した場合でも、その費用徴収（回収）に応じる資産を所有者等が保有している、⑤費用徴収（回収）のために、土地が差押となっても、接道要件等が具備されていて、資産評価が高く、競売により換金が容易に可能な状態となっている等の事項が考えられます。

高橋： しかし、現実の社会はこれらの事項とは異なった状況下となっており、なかなか法律の規定通りにはいかないことが分かります。

山口： では、空き家問題で苦悩する近隣住民は、行政も打つ手がない状況下にあった場合は、どうすればいいのでしょうか。

高橋： もともと空き家問題は、民事上の財産に関わる近隣トラブルという位置付けで捉えられていました。つまり、空き家問題は、近隣者同士の民事的な争いであるため、行政は第三者的な公平な立場で、どちらかが有利になるような介入はしない、また、この問題に関わる法的な根拠も乏しいという姿勢でした。

山口： 建前上は、建築基準法の活用の試みとされましたが、実際は、第8条の建物の維持保全義務については、罰則のない努力規定で、建物の修繕や維持管理に関しては所有者の自己判断に基づく民事事項と解されてきました。

高橋： 平成26年11月に弁護士会館で行われた空家法の説明会の席上では、国交省住宅局の課長からは、個人の財産の処分について公費が投入されることについては、モラルハザードの誘引が懸念されるために否定的な見解が述べられています。

山口： また、空家法の成立は、公共性の高い場所で、通行人等が空き家の倒壊に巻き込まれ負傷した場合、その事故に対して、行政の不作為として責任が問われることを回避するために作られたという趣旨の説明がありました。

高橋： 以上のことから、空家法は、「社会的な大前提」の上で、行政が行使できる是正措置を法律の規定として具現化したものと言えるではないでしょうか。

山口： そこで、空家法が機能不全となった場合の近隣住民としては、自己の財産、或いは、自己の生活環境を守るためには、やはり、空家法が成立する前の社会を念頭に置いて、空家法以外の法制度等を活用して、自己防衛を図るしか道はなさそうです。

物件的妨害排除請求権

福島： 日本司法書士会連合会が発行している空き家問題に関するパンフレット「放っておけない空き家の話」（P.9）では、民事的な自衛措置としての民法上の「物件的妨害排除請求権」に基づく妨害排除請求訴訟の記事が掲載されています。[※27]

高橋： ここで、「物権的妨害排除請求権」とは、他人により物権（物を直接的に支配する権利）が不正に侵害された場合、その侵害の排除を物権に基づいて相手方に請求する権利をいいます。

山口： 一般に、物権が侵害されている状態や物権の侵害が急迫している状態は、不法行為（民法第709条）となることから、発生した不法行為債権の行使として、侵害行為の排除請求や予防請求が可能であり、物権の侵害のほか、人格権の侵害についても行使される事例が多いとされています。

高橋： なお、この請求事件の事例としては、宇奈月温泉事件（昭和10年10月5日大審院判、［潮見 佳男（編集）、道垣内 弘人（編集）『民法判例百選Ⅰ総則・物権 第7版』2015年1月、有斐閣、P.4］が民法上の重要な判例としてあります。この事件では、妨害排除を請求した側が、「権利の濫用であって権利行使が認められない」とされてしまっていますが、事例研究としては有名なものとなっています。

山口： この他では、「隣地の石垣が崩壊の危険がある場合等に、これを予防するために認められる」（昭和12年11月19日大審院判）とする判例もあります。

高橋： そして、このパンフレットの記事では、「9年前から隣家が空き家になっている。管理放棄されていて倒壊等で自宅に危害が加えられそうな状況となっている。市に対して対応してくれるように要望し、自分自身も連絡を取っているが、お金がないと言って何もしてくれないような状況が続いている。」というケースでの話がされています。

山口： 空家法では、国交省のガイドライン（P.3）でも記述しているように、「他の法令等に基づく諸制度との関係」において、「行政が関与すべき事案であるか検討する必要がある」とし、「他法令により各法令の目的に沿って必要な措置が講じられる場合が考えられる」との指導があります。

[※27] 日本司法書士会連合会のホームページ
①司法書士アクセスブック『放っておけない 空き家の話』を発行しました
http://www.shiho-shoshi.or.jp/association/info_disclosure/info/41093/
②空き家問題に関するパンフレット「放っておけない空き家の話」（2016年）
http://www.shiho-shoshi.or.jp/cms/wp-content/uploads/2014/03/accessbook04.pdf
（最終閲覧日：平成31年3月11日）

高橋： ダイレクトに空家法を適用することを考える前に、先ずは民事規定を活用して本当に解決ができないのかを見定める必要があると思われます。

山口： また、空家法が成立する前は、これらの他法令で対応していた訳なので、空き家所有者と近隣住民との民事的なやり取りを先ずは実行して頂くことが重要と考えられます。

正当防衛・緊急避難

矢越： 民法規定では、物件的妨害排除請求権の行使ができることを説明しましたが、この他、緊急性のある場合については、民法第720条の正当防衛及び緊急避難の規定があります。

> **民法**
> （正当防衛及び緊急避難）
> 第720条　他人の不法行為に対し、自己又は第三者の権利又は法律上保護される利益を防衛するため、やむを得ず加害行為をした者は、損害賠償の責任を負わない。ただし、被害者から不法行為をした者に対する損害賠償の請求を妨げない。
> 　前項の規定は、他人の物から生じた急迫の危難を避けるためその物を損傷した場合について準用する。

福島： ここで、「正当防衛」とは、急迫不正の侵害に対して、自己又は他人の権利を防衛するためにすることです。

矢越： これに対して、「緊急避難」とは、自己又は他人の生命、身体、自由又は財産に対する現在の危難を避けるためにすることです。

福島： 正当防衛は「不正な」侵害でなければ成立しませんが、緊急避難は侵害が「不正でなくても」成り立ちます。

矢越： 例えば、空き家問題で一番多い相談事例として、敷地内に繁茂した雑草や立木による被害で考えると、以下のようなことが考えられます。

> 長年、空き家が管理不全な状態で放置されたために、空き家の敷地内にある草木が繁茂して、隣家との所有権境を越えて枝葉が伸びてきた。
> そしてその枝葉が隣家の窓や壁面に当たるようになり、大風や台風のときには激しくぶつかり、隣家の建物に甚大な被害が生じる危険性が高まった。
> しかし、空き家の所有者やその居所等も不明であり、改善を求めることもできない状態に置かれている。

福島: このような場合、隣家が自己の財産を守る手立てとして、所有権境を越境した部分の枝葉を隣家が切り落としたらどうなるかということです。

矢越: 一般に、他人が所有する財産を無断で毀損した場合は、その責任が問われ、損害賠償請求の対象となります。

福島: しかし、隣家は越境してきた枝葉が自己の財産を著しく傷つける危険が高まった故に自己防衛のためにやむを得ず、枝葉を切り落とす措置を行いました。また、空き家所有者が誰なのか、どこに住んでいるのかも不明な状態で、改善を求めることもできない状態での行為でした。

矢越: この場合は、先の規定により、「損害賠償の責任を負わない」とされます。

福島: ただし、「被害者から不法行為をした者に対する損害賠償の請求を妨げない」と規定されていますので、空き家所有者が現れて、枝葉が切られた事実を知った場合は、隣家に対してそのことに対する損害賠償の請求はできるのかということが問題となります。

矢越: この点、空き家所有者も本来、建築基準法第8条の「維持保全義務」でも、空家法第3条の「空き家等の所有者等の責務」でも規定されているように、空き家となった建物とその敷地（敷地内の工作物や立木等を含む）を適正に管理する義務があります。

福島: 法律で規定されている適正管理に関する義務と責任を放棄したために発生した、このような隣家の財産を侵害する事実に対しては看過ができないことになります。

矢越: 民法第720条のただし書きで認められる損害賠償請求は、「不法行為をした者に対する」ものなので、この件については、隣家のなした措置は不正行為とはいえず、「正当防衛」として、また、「緊急避難」として認められる行為なので、空き家所有者から

の請求は成り立たないということになります。

福島： むしろ、不正行為をしたのは、建築基準法第8条と空家法第3条の規定に明確に違反した空き家所有者側といえます。

矢越： そして、隣家は、空き家所有者に対して、枝葉の処分に係った費用についても、請求できる権利があると思われます。なぜなら、管理不全な状態を放置して、所有権境を越境して、他人の財産に危害を加えたことへの回避措置として発生した費用なのですから、その責任をとって頂く必要があるからです。

事務管理

山口： 空き家問題への自己防衛手段として、近隣住民がとり得る措置としての民事規定をこれまで見てきましたが、空家法が成立する以前において、行政がとり得る民事上の措置として、民法第697条から第702条までに規定された「事務管理」というものがあります。

高橋： 行政の場合は、自己防衛としての措置ではなく、むしろ、空き家所有者への「おせっかい」ともいうべき趣旨で、管理を一時的にしてあげようというものです。

民法
（事務管理）
第697条　義務なく他人のために事務の管理を始めた者（以下この章において「管理者」という。）は、その事務の性質に従い、最も本人の利益に適合する方法によって、その事務の管理（以下「事務管理」という。）をしなければならない。
2　管理者は、本人の意思を知っているとき、又はこれを推知することができるときは、その意思に従って事務管理をしなければならない。

民法
（管理者による事務管理の継続）
第700条　管理者は、本人又はその相続人若しくは法定代理人が管理をすることができるに至るまで、事務管理を継続しなければならない。
　ただし、事務管理の継続が本人の意思に反し、又は本人に不利であることが明らかであるときは、この限りでない。

矢越： しかし、事務管理は、どちらかというと、本来、予め管理する側とされる側とが顔見知りで、お互いの人間関係で築かれた信頼の上で、相手のことを十分考慮して行われる内容です。例えば、下記のような事例の状況の場合に、店主Bが店主Aのためにした行為が、「事務管理」とされています。

> 商店街で商売を営む店主Aと店主Bは普段から顔見知りの間柄だった。
> 店主Aが海外旅行で長期不在中に、お祭りの飾りを商店街に取り付けることになった。顔見知りの店主Bが、不在中の店主Aの分の飾り付けの手配をしてあげた。かかった費用は旅行から帰った時に支払ってもらえると思っている。
> また、不在中の飾り付けは、店主Aの場所の状態に応じて十分考慮された内容のものとして出来上がっている。

福島： 店主Bは、店主Aと顔見知りで、不在中の飾り付けの手配を善意で代行してあげました。飾り付けの代金も後で店主Aが帰国後に支払ってもらえると思って、店主Aのお店にふさわしい内容の飾り付けをしてあげたというものです。

矢越： これと同じ理屈で行政が、空き家の管理を一時的といえども、できるのでしょうか。空き家の場合は、先ず所有者の特定が困難な状況となっています。相続関係人を探し出すことも大変なことです。また、所有者側の資産状況も一切わからない状態です。

福島： 良かれと思って、空き家の修繕や危険な部位を一部除去したとして、その費用の回収が可能なのでしょうか。

矢越： また、一度管理に取り掛かった場合は、相続関係人が名乗り出てくるまで、その管理事務を継続し続けなければならないという義務が法律上、行政に発生してしまいます。

福島： いつまで続けなければならないのか不透明な物件に対して、公金を支出することに区民の理解は得られるのでしょうか。

矢越： 以上のことを考えると、事務管理は本人の利益に適合する方法で行われる民事上の規定といえます。そのため、事務管理を行政に適用するのは難しいという見解もあります。

福島： ちなみに、空き家の話とはちょっと異なりますが、事務管理の成立要件については、

第697条第1項に規定されています。そしてその規定の解釈をめぐっては、遺失物法第28条や水難救護法第24条第2項等のように積極的に事務管理の奨励を図る旨の規定が存在していることから、事務管理を始めた者が予め誰のために管理をするのかについて知らない場合でも法的には成立するとの考えがあります。この件に関する記述は、川井健 著の『民法概論4（債権各論）〔補訂版〕』（2016年10月15日、有斐閣、P.358）や青野博之・谷本圭子・久保宏之・下村正明 著の『新プリメール民法4 債権各論』（2019年1月30日、法律文化社、P.158）という本でも見受けられます。

譲渡税の特別措置の創設

山口： 税金の面から空き家に関する是正措置として、固定資産税の税額変更の措置があることを紹介しました。

高橋： これは、特定空家等であると行政から認定された空き家が、空家法による是正措置として勧告を受けた場合は、その旨が都税事務所に通知されて、固定資産税の税額が変更されるというものでした。

山口： 土地を有効利用している場合には、土地の固定資産税を6分の1に減額するという「住宅優遇措置」が適用されますが、特定空家等のように管理不全な状態で放置し、近隣に迷惑をかけるような場合には、この優遇措置を解除して、本来の税額に戻す（税額変更）というものです。

高橋： つまり、現状からだと6倍の固定資産税の額に変更されてしまうということです。

山口： この税額変更は、空家法に関連したペナルティーとも受け取れますが、一方では、国が進める空き家対策に協力するならば、逆に税制面でお得となるような措置を施しましょうという流れもあります。

高橋： 詳細は、平成27年12月16日に与党である自由民主党と公明党にてまとめられた「平成28年度税制改正大綱」（P.11）に次のような記述があります。[※28]

[※28] 自由民主党のホームページ
「平成28年度税制改正大綱」自由民主党と公明党（平成27年12月16日）
https://jimin.jp-east-2.storage.api.nifcloud.com/pdf/news/policy/131061_1.pdf
（最終閲覧日：平成31年3月16日）

④空き家を売却した際の譲渡所得の特別控除の導入
　適切な管理が行われていない空き家が地域住民の生活環境に悪影響を及ぼしていることを踏まえ、こうした空き家の発生を抑制する観点から、相続により生じた空き家であって旧耐震基準しか満たしていないものに関し、相続人が必要な耐震改修又は除却を行った上で家屋又は土地を売却した場合の譲渡所得について特別控除を導入する。なお、住宅市場に係る対策については、昨年末の経済対策を含むこれまでの措置の実施状況や今後の住宅着工の動向等を踏まえ、必要な対応を検討する。今後とも、住宅投資の波及効果に鑑み、住宅市場の動向を幅広い観点から注視する。

山口：　この税制改正に基づき、以下のような制度ができました。

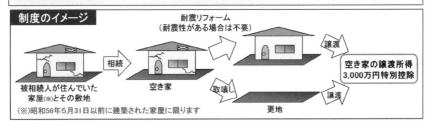

(出典：国交省のホームページ)

高橋：　これは、空き家の売買等を活発にして、空き家を減らしていく目的で定められた「空き家に係る譲渡所得の特別控除の特例」という制度です。[※29]

山口：　具体的には、空き家の発生を抑制するための特例措置として、相続時から3年を経過する日の属する年の12月31日までに、被相続人の居住の用に供していた家屋を相続した相続人が、当該家屋（耐震性のない場合は耐震リフォームをしたものに限り、

[※29] 国交省のホームページ
①空き家の発生を抑制するための特例措置
http://www.mlit.go.jp/jutakukentiku/house/jutakukentiku_house_tk2_000030.html
②空き家の発生を抑制するための特例措置について
http://www.mlit.go.jp/common/001283847.pdf
（最終閲覧日：平成31年3月17日）

その敷地を含む。）又は取壊し後の土地を譲渡した場合には、当該家屋又は土地の譲渡所得から3,000万円を特別控除できるというものです。

山口： この制度の適用期間は、平成31年度税制改正要望の結果、本特例措置については令和元年12月31日までとされていた適用期間が令和5年12月31日までに延長されることとなりました。

高橋： ただし、この制度を受けるためには、以下のような（例）一定の条件をすべて満たす必要があるとされています。

---

①昭和56年5月31日以前に建築された家屋（区分所有建築物を除く。）であること。
②親が住んでいた等の相続開始まで被相続人の自宅として利用された場合や老人ホーム等に入居していた場合の住宅で、相続に伴って空き家になってしまったこと。
③相続の時から譲渡の時まで事業の用、貸付けの用、又は居住の用に供されていないこと。
④相続日から起算して3年を経過する日の属する年の12月31日までに譲渡すること。
⑤譲渡価額が1億円以下であること。
⑥家屋付きで譲渡する場合、当該譲渡時において、当該家屋が現行の耐震基準に適合するものであること。
⑦行政から上記の要件を満たす内容の証明書（被相続人居住用家屋等確認書）を入手して、確定申告書に添付して税務署に申請すること。

山口： このように、国は、親が住んでいた実家が放置された空き家等になる前に、子供たちが実家を売却して処分が進むように、子供たちが売却した際の手取り金額が少しでも多く残るような魅力でもって税制面で工夫を行っています。

倒壊した空き家について

福島： 行政が指導を続けていた空き家等が地震や台風、その他の事情により倒壊した場合は、行政としてどのような対応をとったらいいでしょうか。

矢越： 空家法が成立する以前から、近隣住民から相談を受けて対応に苦慮してきた物件がありました。

福島： 空家法がない時代でしたので、建築基準法に基づく第8条規定、第10条規定を屈指しながら指導に当たりました。また、近隣住民と連携を固く結び、民事上の規定に

より、近隣住民の財産の保護を図れないかを種々検討してきました。

矢越： しかし、茨城で震度5強の地震が発生した際（平成28年5月16日、21時23分頃、茨城県南部を震源とする最大震度5強の地震が発生した。地震の規模はマグニチュード5.5、震源の深さは42km。）、当区でも大きな揺れがあり、この揺れで当該空き家の一部が倒壊していることが近隣住民の目で確認されました。

福島： 以前から警察や消防とも相談して、情報の共有化を図っていましたし、倒壊により隣家が被害を受け、被害届が警察に出された場合には、空き家の所有者に対して刑法上の罪が問われることも確認をしていました。

矢越： このことは、空き家所有者に対して、指導書や倒壊の危険を知らせる警告書にも盛り込み、至急、除却等の是正を開始するよう求めていましたが、所有者からは何の返事もありませんでした。配達証明での書留郵便で送っていますので、相手先の住所は間違いなく、所有者もしっかりと郵便物を受け取っていることが確認されています。

福島： 再三の危険を知らせる指導書を送って、やっと一度だけ、「どうすればいいですか」と逆に問い合わせる返事が来ただけで、それ以降は、その敷地での再建築が可能となることを求める建築審査会への申述を行う始末となりました。

矢越： こうしたやり取りを行う中で、倒壊事件が発生したのです。当該空き家の敷地はいわゆる無接道敷地であったため、再建築が不可とされる場所でありました。

福島： そのため、空き家を除却した場合は、固定資産税の優遇措置（住宅用地の特例）が解除され、税額が増額変更されることを嫌って空き家を除却せずにいたと思われます。

矢越： 結局、地震によって空き家は倒壊して、建物というよりは廃棄物的な様相で当該敷地内に残ってしまうことになってしまいました。

福島： そこで、区はこのような状態で瓦礫となった空き家の廃棄物をどのように扱えばいいのでしょうか。

矢越： 空き家の倒壊後に、警察・消防の係長級が一同に集う会議があったので、この件について報告をさせて頂きました。その席上、この件に限らず、今後空き家が倒壊する危険性が高まった際に、（1）被害者の救助が問題となるので、未然に危険を周知する等の対応が求められるか、（2）行政指導を受けても対応しなかった空き家所有者へは、

刑法上の罪が問われるか、(3)倒壊した家屋の後始末の費用をどうするかが議論されましたが、結論には至りませんでした。

福島： 現在のところ、区では、(3)の費用は予算化されるような仕組みがないため、このような倒壊事件が発生しても何ら対応することができません。

矢越： ところが、平成29年3月に、とある不動産会社によってこの倒壊した空き家と土地が買い取られ、瓦礫の山となった廃棄物がめでたく除却され、更地となりました。

福島： 好都合なことに、ここの跡地は駅から近い場所にあったためか、バイクの駐輪場等として利活用が可能と表示されてネットで新しい土地の購入者を募るようにもなりました。

矢越： 本当に著者の人事異動間際の最後の最後の驚きのサプライズな出来事となってしまいました。

廃棄物の処理

山口： 現行法上、首長が空き家の所有者に処分の命令ができるとする法令として、以下のものが考えられますが、所有者に処分命令に対応できる資力があることを前提としています。

---

(1) 道路法
(昭和27年6月10日法律第180号) による措置
　　※道路に瓦礫が散乱した場合の対応として、以下の規定があります。
①監督処分（法第43条、法第71条）
【適用条件】工作物が道路に存する場合
　道路管理者が、法令等に違反して道路に存する工作物等の移転、除去、もしくは道路の損害予防措置もしくは道路の原状回復を違反者に対して命じるもの。但し、問題の工作物等が道路に存することが要件であり、道路外の工作物等には適用できない。
②沿道区域における管理者に対する措置命令（法第44条）
　道路管理者が、損害・危険防止のため必要な措置を行うよう、道路の沿道区域内に存する土地、工作物等の管理者に対して命ずるもの。

> **(2) 廃棄物の処理及び清掃に関する法律**
> **(廃棄物処理法、昭和45年12月25日法律第137号) による措置**
> 　※倒壊した敷地内に瓦礫がある場合の対応として、以下の規定があります。
> 【適用条件】一般廃棄物処理基準に適合しない一般廃棄物の処分が行われた場合
> 　廃棄物処理法第19条の4の規定により、一般廃棄物処理基準に適合しない一般廃棄物の処分が行われた場合において、生活環境の保全上支障が生じ又は生じるおそれがあると認められるときは、市町村長は必要な限度において、当該処分を行った者（当該委託をしたものを含む。）に期限を定めて、その支障の除去又は発生の防止のための必要な措置を講ずるべきことを命令することができる。
> 　また、同法第19条の7の規定により、支障の除去を講じる見込みがない場合やそのいとまがない場合などには、市町村長が自ら支障の除去等の措置の全部又は一部を講じることができる。

高橋：　空き家が倒壊する実例は、実際に区内で発生していますが、残念ながら未だ行政がその処理を行うという動きはありませんので、今後どうするかが検討課題となっています。

山口：　ここで、空き家が倒壊した場合の流れを考えてみましたが、具体的にどうなるか見当が付きません。

> （1）空き家が倒壊した。
> （2）一般廃棄物と産業廃棄物が混在した状態。
> （3）倒壊した空き家の瓦礫を分別する作業が必要。
> （4）所有者が費用負担。
> （5）所有者が片付けられない場合は、瓦礫がごみのように放置されてしまい、今度は環境問題として深刻化する。
> （6）区による代執行が望まれても、その費用回収の見込みがたたない場合は実行が難しい。

高橋：　いずれにせよ、瓦礫処理に係る費用を誰が持つことになるのかが、最大のネックとなることは間違いないでしょう。

山口：　法律の世界は、所有者が自己責任で賄うことが大原則ですが、現実はそうはなっていません。所有者は経済的に疲弊しています。処理費用を工面できない状態にあります。

高橋：　では、行政が、「公共の福祉」の名の下で区民の税金を投入することになるのでしょうか。

山口：　バス通りや、商店街、通学路、防災上避難経路として重要な役割を果たす生活道路等に接する空き家が倒壊したときは、そこに公金を投入しても、区民からは反対されることはないかも知れません。

高橋：　しかし、囲繞地や住宅に囲まれた場所、建築基準法上無接道の違反建築物として指摘を受ける空き家等に対して、公金を支出することとなると、理解は同様に得られるのでしょうか。

山口：　空き家問題は、以上のように、ただ単に、空家法を通して処理すればいいというものではないということがお分かり頂けたと思います。

空き家の近隣住民

第2編
空家法関連編

第4章　空き家に関係するその他の法律のお話

少子高齢化と国際化の波のなかで空き家問題は大きくゆれています

矢越主任

所有者不明土地の利用の円滑化等に関する特別措置法
（平成30年法律第49号）

平成30年6月6日成立、平成30年6月13日公布、平成30年11月15日施行

山口：　少子高齢化によって空き家もそうですが、土地そのものも相続が円滑になされず、登記簿を調べてもそこに記載された所有者が相当以前に死亡していて、現在の所有者や管理者、相続関係人が分からない状態になっています。

町田：　新聞やテレビ等の報道では、こうした所有者が不明な土地が、2040年には北海道の面積に匹敵する720万haに達すると言われていますね。

山口：　空き家と土地の所有者が同一だった場合は、空家法でせっかく倒壊しそうな放置された空き家（特定空家等）を是正できる制度が整っても、肝心な指導する相手（所有者等）が見つからないとどうしようもありません。

高橋：　元々、土地や家屋の登記を定める不動産登記法に相続登記を決められた期間内に行うように義務化していないことが問題だと思います。

山口：　平成28年9月27日午後6時に東京の四谷にある司法書士会館（地下1階の日司連ホール）で開催された自治体職員向けの「空き家問題に関する研修会」でも、空き家問題の最大の障害になっている所有者調査の方法が議題に上がりましたね。

高橋：　この会合では、「登記に始まって登記で終わる」と言われるように土地の所有者等を探索できるのは、土地・建物登記の専門家である司法書士であり、自治体にあっては空き家対策でもこの司法書士を活用できる仕組みを考えて貰いたいとお話されていました。

山口：　また、相続登記がなされなくて、誰が土地所有者なのかが不明な現状が続くことを変えるべく司法書士会として国へ法整備への提言をしていくとありましたね。

町田：　当初は、不動産登記法が改正されるものと思っていましたが、所有者不明土地の利用の円滑化等に関する特別措置法（以下、「**所有者不明土地法**」という。）ができたわけですね。

高橋：　この法律では、所有者不明土地を「相当な努力が払われたと認められるものとして政令で定める方法により探索を行ってもなおその所有者の全部又は一部を確知するこ

とができない一筆の土地」と定義しています。そして、土地の所有者が死亡後に長期間にわたって相続登記がなされていない土地については、登記官が職権で法定相続人等を探索した上で、長期間相続登記未了である旨等を登記に付記して、法定相続人等に登記手続の勧告を行うなどの特例措置が設けられています。(※30)

山口： それに地方公共団体の長等に財産管理人の選任申立権を付与するという民法上の特例も設けられました。

町田： 民法では、家庭裁判所に相続人不存在な場合の財産管理人の選任の申立ができるのが、特別縁故者を含む利害関係人又は検察官に限られていましたが、この特例として、区市町村長もできるようになったわけですね。

山口： 以前、埼玉県の蕨市では、管理不全な放置された空き家について、市の空き家対策を担当していた建築課が税務課と連携をはかり、相続人が現れないことによって固定資産税の滞納が続く現状を打開する名目で、裁判所に市長が利害関係人として相続財産管理人の選任の申立をおこなったケースがありました。

高橋： ちょうど、この事例が埼玉県の空き家対策のホームページに掲載されていたので、県の担当部署に電話したところ、そこの部署のご紹介で、市の担当職員に直接その詳細をお伺いすることができました。

山口： 蕨市では、平成25年4月から施行された「蕨市老朽空き家等の安全管理に関する条例」（平成24年12月17日条例第22号）の第7条の規定に基づき相続財産管理人の選任の申立てを市長ができるとしています。しかし、東京の区役所の場合は都税事務所が固定資産税を担当しているので、市のように区が税金の滞納を理由に利害関係人として申立することができないと分かり残念な思いをしました。

高橋： でも、今回、所有者不明土地法ができたので、空き家対策で除却が必要な空き家を処分したくても、相続人を見つけられない場合は、こういった申立ができるようになったから役に立ちそうですね。

町田： この他、相続登記がなされない原因の一つとなっていた相続登記をする際にかかる**登録免許税**についてですが、一定の資産価値が高くない土地については、登録免許税が免税される措置も開始されました。

(※30) 法務局のホームページ
所有者不明土地法の概要
http://houmukyoku.moj.go.jp/homu/page7_000022.html
（最終閲覧日：平成31年3月11日）

山口： **地域福利増進事業、収用適格事業**又は**都市計画事業**を実施する際に、必要とされる土地の所有者等が不明な場合はこの法律が適用され、登記簿や戸籍・住民票などの客観性の高い公的書類を行政が調査できるようになりました。また、情報アクセスの拡大として、固定資産課税台帳や**地籍調査票**、電気・ガス・水道等のインフラ関連業者が保有している情報等の有益な所有者情報も行政機関が利用できるようになりました。
(※31)

高橋： また、公共事業や地域福利増進事業を行おうとする民間事業者については、地方公共団体に所有者情報の提供を請求できるようにしました。これを受けて、地方公共団体は、台帳等に記載されている者に確認し、同意が得られた場合には民間事業者にその所有者情報を提供することになります。

町田： ここで、地域複利増進事業とは、公共事業のうち、地域住民の福祉又は利便の増進に資する事業で原状回復が可能な、例えば公園、緑地、広場、駐車場等をつくる事業のことですよね。

山口： そうですね。そうした事業に供せられる土地については、都道府県知事の裁定により最長 10 年間の使用権を設定し、事業実施を可能とします。事業者は、補償金を供託し、原則として使用終了後に土地を原状回復します。土地の所有者が現れてこの事業継続に異議がない場合には、使用権の延長が可能となります。

町田： つまり、土地の所有者が不明であっても、この法律で、地域複利増進事業のためにその土地が必要とされる場合は、最長 10 年間、知事の裁定で利用が可能となるわけですね。

山口： この公共事業のために他人の土地を利用するケースとして、**土地収用法**（昭和 26 年法律 219 号）に基づく場合がありますが、今回の所有者不明土地法が成立されたことによって、土地の所有者等の権利者調査や事業認定、地権者へ補償金額の裁定などについて合理化が図られています。現行 31 ヶ月間を要する手続きを 3 分の 2 の期間に短縮して、21 ヶ月間で事業を進めることが可能となりました。つまり、土地収用法にもこの法律に基づく特例措置が設けられたことになります。

(※31) 国交省のホームページ
所有者不明土地法の概要
http://www.mlit.go.jp/common/001224661.pdf
（最終閲覧日：平成 31 年 3 月 11 日）

知っておきたい用語の説明

所有者不明土地法
　所有者不明土地の利用の円滑化等に関する特別措置法（平成30年法律第49号）のこと。人口減少・高齢化の進展に伴い、管理不全な土地や相続登記がなされず現在の所有者が誰なのかが不明な土地が急増している。このような土地の所有者を特定するには多大な時間とコストがかかり、適正な不動産取引ができないばかりか、公共事業で必要な土地の確保が難しくなってきている。そこで、これらの課題に対応するために本法が成立した。

登録免許税
　土地の購入や建物の建築をした場合には、所有権保存や移転登記等を行うが、その際の手続にかかる税金が登録免許税である。この税金は、登録免許税法に基づく国税で、不動産や船舶、航空機の登記の他に、人の資格の登録や技能証明、特許、特定業務に関する免許・許可・認可等について課せられる。

地域福利増進事業
　所有者不明土地のうち、現に建物がなく、業務やその他用途に使われていない土地（特定所有者不明土地）に対して、土地の使用権を設定できる事業のこと。地域住民の福祉や利便性の向上に資する事業で、道路・学校・病院・公園等の整備を行う。

収容適格事業
　土地収用法第3条に規定された土地の収用に関する事業のこと。同規定には、道路・河川・砂防設備・運河・用水路・鉄道・港湾・飛行場・学校・公立病院・公園等の約50種類の整備が収用適格事業として掲示されている。

都市計画事業
　都市計画法に基づき行われる事業のこと。この事業には、都市計画に定められた道路・公園・下水道等の都市計画施設を整備する事業と、土地区画整理事業や市街地再開発事業、住宅街区整備事業等の市街地開発事業がある。

地籍調査票
　国土調査法（昭和26年6月1日法律第180号）に基づく国土調査の一つである地籍調査で用いられる調書のこと。この地籍調書では、一筆（登記簿上の土地の一区画）ごとに土地の境界線（筆界）が確定されるとともに、その土地に関する面積や地目、地番、所有者等のあらゆるデータが地籍調査票に記載される。この地籍調査で作成された地籍図と地籍簿は登記所（法務局）に送付され、不動産登記法第14条第1項に規定する地図（公図）に資される。

土地収用法（昭和26年法律第219号）
　憲法29条の財産権の保障には、公共の福祉による制限が加えられる。これを受けて、この法律では公益の利益となる事業に供するため、土地の地権者の所有権等を収用委員会の審理・採決を経て、国や地方自治体等に強制的に取得させることが可能となる。

町田： ちなみに、土地収用法で公共事業として行われる事業としてはどういったものがありますか。

高橋： 大まかな事業をあげると、道路（道路法）、河川（河川法）、公民館・博物館・図書館（社会教育法、図書館法）、国や地方公共団体が設置する庁舎・工場・研究所・試験所などの事業に使う施設、国や地方公共団体が設置する公園・緑地・広場・運動場・墓地・市場などの公共の用に使う施設の建設等があります。

旅館業法
（昭和23年法律第138号）（改正：平成29年法律第84号）
平成29年12月15日公布、平成30年6月15日施行

福島： 昨年の平成30年に建築基準法が大体的に改正されたことによって、空き家の利活用にも弾みがつきましたね。

高橋： 戸建住宅の規模が述べ面積200㎡未満、かつ、階数3以下の場合は、非住宅（福祉施設等）として利活用するときは、在館者が迅速に避難できる措置（火元の部屋と連動する火災警報装置等を設置）を講じれば、耐火建築物等への大規模工事を行わなくてもよいことになりました。

福島： また、戸建住宅の規模が200㎡以下の場合は、用途変更の手続も不要となり、シェアハウスや民泊等の宿泊施設、小規模の飲食店や物販店等の商業施設、小規模保育や認知症患者のためのグループホーム等の福祉施設に転用ができるようになりました。

高橋： この流れに合わせるかのように、空き家を宿泊施設として利活用する場合に関係してくる法律として新たに「新民泊法」と呼ばれる住宅宿泊事業法が成立しました。また、これまで宿泊サービスの法律として存在していた旅館業法も改正されて、新民泊法の施行日と同じ日に施行されましたね。[※32]

福島： これによって、平成30年6月15日の新民泊法の施行日以降は、日本国内で宿泊サービスの事業を行う場合は、①従来からある旅館業法の許可を取るか、②新民泊法での届出を行うか、③国家戦略特別区域法に基づく特区民泊の認定を得るか、の選択をすることになります。

高橋： 今回の旅館業法の改正では、違法な民泊などで見られた無許可営業の取り締まりを

　　　　　強化するとともに、これまで旅館業で、「ホテル営業」、「旅館営業」、「簡易宿所営業」、「下宿営業」の4つあった営業種別のうち、「ホテル営業」と「旅館営業」を統合し、「旅館・ホテル営業」としました。ここで、旅館業とは「宿泊料を受けて人を宿泊させる営業」であると定義されています。

福島：　また、「宿泊」とは「寝具を使用して施設を利用すること」とされています。注意すべきことは、旅館業は「人を宿泊させる」ことで、生活の本拠を置くような、例えばアパートや間借り部屋などは貸室業・貸家業であって旅館業には含まれないとしています。

高橋：　それに「宿泊料を受けること」が要件となっており、宿泊料を徴収しない場合は旅館業法の適用は受けないとされています。

福島：　今回の改正で、「旅館・ホテル営業」の施設に関する構造設備の基準を定めるなど旅館業法施行令（昭和32年政令第152号）やその他の関係政令についても整備が行われました。

高橋：　「旅館・ホテル営業」の施設に関する構造設備の基準としては、大きく6点改正されていますね。

福島：　そうですね。先ず、ホテル営業の場合は10室、旅館営業の場合は5室が最低限必要とされていましたが、この客室の数の基準が廃止されました。

高橋：　第2に、①寝具は洋式であること、②出入口・窓に鍵をかけることができること、③客室と他の客室等との境が壁造りであること、とする「洋室の構造設備の要件」も廃止されました。

福島：　第3に、ホテル営業の場合は洋式客室が9㎡以上、旅館営業の場合は和式客室が7㎡以上必要とされた1客室の最低床面積が、7㎡以上（寝台を置く客室にあっては9㎡以上）に緩和されました。

(※32) 厚生労働省のホームページ
旅館業の改正の概要
https://www.mhlw.go.jp/file/06-Seisakujouhou-11130500-Shokuhinanzenbu/0000192926.pdf
民泊制度ポータルサイト（旅館業法について）
http://www.mlit.go.jp/kankocho/minpaku/overview/minpaku/law2.html
（最終閲覧日：平成31年3月11日）

高橋： 第4に、宿泊者の安全や利便性の確保ができる場合には、例えば、厚生労働省令で定める基準を満たす設備（ビデオカメラによる顔認証による本人確認機能等のICT設備を想定）を設置すれば、玄関帳場等を設置しなくてもいいことになりました。

福島： 第5に、暖房の設備基準としてあったホテル営業の施設における暖房の設置要件が廃止されました。

福島： 第6に、便所の設備基準についても、適当な数の便所を有すればよいとする緩和が行われました。

高橋： その他、違法な民泊サービスの広がり等を踏まえた無許可営業者等に対する規制の強化が図られていますね。

福島： ①無許可営業者に対する都道府県知事等による報告徴収及び立入検査等の権限規定の措置を講ずる、②無許可営業者等に対する罰金の上限額を3万円から100万円に、その他旅館業法に違反した者に対する罰金の上限額を2万円から50万円に引き上げるとしています。

高橋： 東京オリンピックの開催や日本の観光立国としての推進を受けて、これから来日される外国人の数が大変多くなり、日本での宿泊施設が足りなくなると報じられていますから、違法な民泊の広がりを懸念しているわけですね。

住宅宿泊事業法
（平成29年法律第65号）
平成29年6月16日公布、平成30年6月15日施行

高橋： 最近、戸建住宅やマンション等の全部又は一部を活用して、旅行者や出張者等に宿泊サービスを提供するという「民泊」が増えてきましたね。それに、インターネットを利用して宿泊サービスを提供したい人と旅行者のように短期で空き部屋を借りて宿泊を希望する人とを仲介するビジネスも世界規模で展開されていて、その数も急速に増加しています。

山口： 外国人観光客による多様な宿泊ニーズへの対応や空き家の有効な活用方法として、民泊への関心が高まっています。

高橋： しかし、民泊施設での利用者による騒音やゴミ出しルールなどをめぐる地域住民等とのトラブルが生じて問題になってきています。

山口： そもそも、宿泊料を受けて人を宿泊させる営業は、旅館業法によって営業許可を得てから開始することになっていました。

高橋： ペンションやユースホステルも簡易宿所営業で営業許可を取るのが一般的ですね。

山口： 一般の戸建住宅等で、旅館業法で定められた要件を満たして許可を取ることは難しいので、許可を得ないで民泊を始めてしまうケースが多く、無許可営業を巡っては近隣住民とトラブルとなり、行政に大変多くの苦情が寄せられる事態となりました。

高橋： そこで、健全な民泊サービスの普及を図るために新民泊法と呼ばれる住宅宿泊事業法が成立されたわけですね。(※33)

山口： 民泊を行う事業者は、都道府県知事等への届出、宿泊者名簿の作成・備付け、近隣からの苦情対応、公衆衛生の確保、騒音防止、標識の掲示などが義務付けられています。旅館業法では届出ではなく許可になっていますから、民泊の方はかなりハードルが低くなっていますね。

高橋： 宿泊サービスを行う場所についても、旅館業法では一般の住宅街（住居専用地域）では営業ができませんでしたが、民泊はOKです。

山口： 民泊の対象となる住宅での要件としては、設備要件と居住要件の2つがあります。先ず、設備要件としては、台所・浴室・便所・洗面の設備を設けていることが必要とされています。

高橋： 次に、居住要件としては、①現に人の生活の本拠として使用されている家屋、②入居者の募集が行われている家屋、③その所有者、賃貸人または転貸人によって居住目的で少なくとも年1回以上は使用されている家屋となっていますので、居住履歴が全くないような新築の投資用のマンションなどを利用することはできません。

山口： 民泊としてその住宅を利用できる期間も決まっていて、民泊サービスを提供できる日数の上限が、年間180日（泊）までとなっています。でも、自治体によっては、条例で実施期間や区域の制限が設けられている場合がありますので、その点は確認が必要です。

高橋： 住宅に家主がいない場合の民泊は、家主に代わって事業を行う住宅宿泊管理業者への業務委託が義務付けられています。また、宿泊の契約を仲介する場合は、登録を受けた旅行業者又は住宅宿泊仲介業者への委託が義務付けられています。

山口： 住宅宿泊管理業者は、国交大臣の登録が必要です。登録は5年更新となっています。管理者は、適正な業務を行うために、事業者が負っている同様の義務を果たすことが必要とされ、管理委託契約を締結した事業者に対して、定期的に管理状況等について報告することになっています。

高橋： 住宅宿泊仲介業者は、観光庁長官の登録が必要です。こちらも登録は5年更新です。仲介業者は、営業所等での掲示かネットによる公開のいずれかの方法で、仲介業務に関する料金を公示する必要があります。

山口： この他、民泊に関連する宿泊サービスとしては、「特区民泊」と呼ばれる国家戦略特別区域法（平成25年法律第107号）（改正：平成30年法律第79号、施行：平成30年11月16日）に基づく旅館業法の特例制度を活用した民泊があります。
（※34）

高橋： こちらの正式名称は、国家戦略特別区域外国人滞在施設経営事業ですが、特区民泊ができるのは、国家戦略特別区の一部の地域（東京都大田区、千葉市、新潟市、大阪府、大阪市、八尾市、北九州市）に限られます。

山口： これらの国家戦略特別区で対象の宿泊施設が政令で定められた要件に該当すると都道府県知事（保健所）が認定した場合は、国家戦略特別区域法第13条により旅館業法の適用が除外されて、「特区民泊」の事業ができるようになります。

高橋： 特区民泊の主な要件としては、①宿泊施設の所在地が国家戦略特別区域内にあること、②宿泊施設の滞在期間が（2泊）3日～（9泊）10日までの範囲内において自治体の条例で定める期間以上であること、③滞在者名簿が施設に備えられ、必要事項が記載されること、④施設が外国人滞在者に供されるものであると周辺住民に適切な説明が行われていること、⑤施設周辺地域の住民からの苦情および問合せに対して適切かつ迅速な処理が行われること、⑥一居室の床面積が25㎡以上（ただし自治体の判断で変更可能）であること、⑦施設の利用や緊急時の情報提供等が外国語で案内できる状況にあること等があげられます。

(※33) 観光庁のホームページ
住宅宿泊事業法の概要
http://www.mlit.go.jp/common/001212562.pdf
（最終閲覧日：平成31年3月11日）

山口： また、マンション等の区分所有の建物を利用して事業を行うときは、自己の所有する建物の専用部分で宿泊事業を行うことについて管理規約や管理組合で認められた場合に特区民泊の認定を受けることができます。これは、特区民泊の制度が住宅を宿泊施設として利用するということが前提となっているためで、近隣住民への悪影響を考慮しているからです。

高橋： このように、新民泊法が施行されたことによって、国内の宿泊に関する法制度が大きく変わりました。これからの日本は少子・高齢化による労働人口の減少に対応すべく外国人材の受入れを決めました。また、観光立国となった日本に急増する外国人観光客の宿泊施設として空き家の利活用が期待されています。

山口： 空き家問題は、こうしてみると、本当に日本のあらゆる社会的問題を映す鏡と言っても過言ではないと思いますが、読者の皆さんはいかがお考えでしょうか。

宿泊サービス制度の比較について

	旅館業法	住宅宿泊事業法（新民泊法）	国家戦略特別区域法（特区民泊）
許認可等	許可	届出	認定
住居専用地域での営業	できない	できる（条例で制限される場合あり）	できる（認定を行う自治体ごとに制限あり）
営業日数の制限	制限なし	年間提供日数180日以内（条例で実施期間の制限あり）	2泊3日以上の滞在が条件（下限日数は条例で定めるが、年間営業日数の制限なし）
営業可能地域	全国	条例で認められた区域	国家戦略特区内のみ
家主不在型の管理業務委託	なし	あり	なし

（政府広報オンラインHPの新民泊法関連の記事を参考に作成）(※35)

(※34) 首相官邸のホームページ　特区民泊の概要（国家戦略特区）
http://www.kantei.go.jp/jp/singi/tiiki/kokusentoc/tocminpaku.html
http://www.kantei.go.jp/jp/singi/tiiki/kokusentoc/pdf/shiryou_tocminpaku.pdf
(※35) 政府広報オンラインのホームページ（新民泊法）
https://www.gov-online.go.jp/useful/article/201805/2.html
（最終閲覧日：平成31年3月11日）

第1章から第4章までのお話のまとめ
(主に空家法の視点から空き家問題を捉えた場合の話)

1、空家法では、行政は固定資産税調査できることが規定されており、登記や戸籍・住民票等の調査では所有者等を判明できなかったケースでも、納税者情報の入手によって空き家所有者の特定についても規定されている。

2、納税者情報から空き家所有者等の特定化が進み、これまで棚上げとなっていた案件の是正が進み、倒壊等の危険性が高い空き家の除却処分などが進展するようになった。

3、空き家と土地の所有者が異なる場合は、空き家の除却を巡って裁判に発展するケースがあるが、空家法での是正対象が土地所有者にも及ぶため、土地所有者は旧借地法の朽廃規定を根拠に借地契約を終了させ、土地の返還を求める裁判を起こすことになる。その場合、土地の所有者の主張が裁判所で認められて、空き家が除却される事例が発生している。

4、行政による除却命令等の是正措置が実施される場合の費用は、空き家所有者の自己負担で行われるのが、憲法の財産権の保障から考えて相当である。つまり、自己の財産の保有が認められている以上、その処分については自己責任を負うことになるからである。

5、空家法の適用とは別に、建築基準法や道路法等の他方令による是正措置についても検討する必要がある。

6、有識者からなる協議会の設置は空家法では任意だが、自治体の首長の附属機関としての法的な性格を有するため、協議会に勧告・命令等の是正措置や行政代執行の是非を問うことは可能である。

7、是正勧告を発すると、固定資産税や都市計画税の税額変更の対象となるとともに、勧告内容がそのまま除却命令等の措置内容の実施に直結するため、慎重に判断する必要性がある。

8、行政代執行に係る費用は、本来、空き家所有者等が捻出すべき除却費用等を行政が緊急時に代わりに支出したものなので、国税滞納整理の例によって回収する必要がある。

9、相手を確知できない場合の略式代執行の費用回収は、民事訴訟の手続が必要となるた

め、弁護士等の法律の専門家ではない行政職員がその事務を行う場合、あまりにも負担が大きく現実的ではない。

10、指導・勧告・命令・代執行等の是正措置が成立するためには、是正措置を受ける側にその措置内容の意味を理解できる事理弁識能力を備えていることが必要である。

11、65歳以上の高齢者の5人に1人は認知症を患っており、その数は700万人を突破する勢いである。空き家の所有者もその状態にある場合が多く、また経済的にも年金生活者がほとんどであり、是正措置を実現するには困難な状況下にある。

12、そのため、地方議会の条例を根拠に認められる即時執行は、予め住民サービスのための予算として設けられた行政費用で行われるため、費用の回収を求めなくてもよいとされている。よって、空き家を起因とする危険から住民を守るための緊急措置としては大変有効な手立てといえる。

13、しかし、法律や条例の規定で想定された制度や仕組み等が正常に機能するためには「社会的な大前提」が存在していることが必要であるが、少子・高齢化社会や所得格差による経済的な弱者が増える状況下では、「社会的な大前提」が崩れ去り、法制度や仕組み等が機能不全に陥る可能性が高い。

14、法制度が機能不全となった場合は、原点に立ち返って、民事レベルで正当防衛や緊急避難等に基づく対処を行う必要がある。

15、空き家が倒壊した場合の対処方法が確立されていないため、倒壊後の瓦礫の撤去等について課題が残る。

16、所有者不明土地法や新民泊法が新たに成立し、旅館業法が改正される等、空き家の処分や利活用に関して法整備が進みつつある。

索引

あ

空家等対策計画 · 187
空家等対策の推進に関する特別措置法 · 195
空家法 · 126, 183, 186
暗渠 · 174

い

位置指定道路 · 48
著しく衛生上有害 · 187
著しく保安上危険 · 187
一般廃棄物 · 239
違反建築物 · 36

か

開発許可 · 108
開発行為 · 117
開発道路 · 50
確認済証 · 108
貸しルーム · 92, 93
勧告 · 195
管理不全 · 192, 231
完了検査 · 36

き

寄宿舎 · 40, 92, 93
緊急避難 · 230

く

グラスウール · 130

グループホーム · 93

け

刑法 · 192
検査済証 · 110
建築 · 81, 92, 93, 183, 193
建築確認概要書 · 36
建築確認申請 · 28
建築基準法 · 26, 81, 92, 93, 193
建築基準法上の道路 · 46
建築計画概要書 · 36
建築主事 · 36
建築審査会 · 114
建築物 · 93, 183
権原 · 59
建ぺい率 · 124

こ

公共建築物等における木材の利用の促進に関する法律 · 129
公図 · 174
厚労省 · 217
国税庁 · 193
国交省 · 93, 235
国庫帰属 · 138
固定資産税 · 54, 195

さ

再建築 · 193

し

CLT・129
シェアハウス・92, 93
私権の制限・58
質疑応答集・183
指定確認検査機関・36
指導・93, 192, 193
事務管理・232, 233
収用適格事業・244
所有者不明土地法・242

せ

正当防衛・230
是正措置・183, 186
接道要件・44

そ

相続財産・192, 226
相続財産管理人・138
相続財産法人・138
相続税・193, 226
相続人・192, 193, 232

た

第2条第2項・126
第8条・124
第一種低層住居専用地域・30
大規模な模様替・38
大規模の修繕・38
代執行・183
耐震化助成・36
脱法ハウス・92

ち

地域福利増進事業・244
地籍調査票・244
地方税法・195
中間検査・36
直系親族・138

て

定期報告制度・36

と

東京都建築安全条例・81
東京弁護士会・183
登録免許税・243
道路法・58
特殊建築物・28
特定空家等・126, 186, 187, 192, 195
特定行政庁・52
特別縁故者・138
都市計画事業・244
都市計画道路・48
都市計画法・30
土地収用法・244
土地の区画形質の変更・117

に

日本再興戦略2016・128
認知症・192
認定制度・115

ね

ネットカフェ・92

は

廃棄物 ・ 239
配達証明 ・ 193

ひ

貧困ビジネス ・ 92

ふ

附属機関 ・ 191
物納 ・ 193, 226
プレキャストコンクリート ・ 130

へ

平成25年住宅・土地統計調査 ・ 22
弁護士 ・ 183, 192

ほ

防火地域・準防火地域 ・ 124
傍系親族 ・ 138

ま

窓先空地 ・ 81

み

未来投資戦略 ・ 126
民法 ・ 230

む

無償使用承諾 ・ 54
無接道 ・ 193

め

命令 ・ 183, 239

も

木材の現し（あらわし） ・ 130
木造4号 ・ 26

よ

用途地域 ・ 30

り

利害関係人 ・ 138

わ

ワーキングプア ・ 93

おわりに

1、空き家問題の事象について

　福祉関係で、介護保険や高齢者・障害者のケースワーカー等を担当した後、道路課を経て、違反建築物を取り締まる建築監察の部署に異動して、空き家問題と直面することになりました。最初は、建築基準法をベースに建物の安全性を確認する作業からこの問題に取り組むこととなりましたが、次第に、建物の技術的な話ではなく、所有者の経済的な話、相続争い、近隣との長年に亘る紛争等、建築基準法上以外の事項でのトラブルが主流となっていると感じ始めました。

　空家法が成立する前は、建築基準法では対処できないため、民事規定を色々研究しました。民事問題では、同じ規定でも、問題となるケースの在り方が異なれば、別の結論がでてしまうことも知りました。そこで、裁判所での判断、すなわち、さまざまな事例を通して判例も紐解くことになってしまい、正直、途方に暮れることもありました。しかし、ひとつひとつ丹念にその事例を研究し、実際に自分が抱えている問題と突き合わせる作業を行っていけば、必ず解決へのヒントが得られると思えるようになったことは確かです。

　空き家問題は、私個人の見解では、明らかに民事上の近隣トラブルです。

　これまでの日本社会には、「他人に迷惑をかけないように」、「自分の財産は、責任を持って自己管理する」、「財産権が憲法で保障されている限り、行政の関与は認めない」という意識が強かったように思えます。空き家所有者も本来は、この意識の上で管理をしようと思っていたに違いありません。

　ところが、現実的には、経済的な理由で、家族がいない等の事情が重なり、自分たちではどうしようもない状態に陥ってしまったというのが、不都合な真実なのではないでしょうか。また、行政も法律の規定により、義務を果たしたくても、予算や人材の面で対応することが困難になってきていて、また、当事者以外の区民からの評価も気にしなければならない状態に陥っているのが実情と思われます。

　別の視点に立つと、「民事と思われた問題」が、いつしか「地域の問題」として徐々に話が大きくなって、気付いてみれば、公共性の高い「社会の問題」として取り上げられるようになったのが、空き家問題なのかも知れません。

　つまり、「民事的な利益」と「公共的な利益」の境界線が曖昧になって来て、「公共的な利益」を守る立場にある行政が、空家法という法律の成立に伴って関与せざるを得ない状況になってしまったのではないかと思っていますが、皆さんは如何お考えでしょうか。

2、本書の視点について

　前半の第1編では、今回の建築基準法の改正によって、空き家の法律上の範囲が何となく

分ったような気がするというと語弊があるかも知れませんが、空き家を建築基準法の視点で捉えると木造4号建築物に該当するのではないかと感じられましたので、その方向性に則って書きました。

　平成26年に霞ヶ関の弁護士会館で実施された東京の自治体職員向けの空家法の説明会では、木造の戸建住宅が対象で、長屋や共同住宅などは対象外であり、マンションの空室は区分所有法で対応すべきであると国交省の課長さんから説明を受けましたが、具体的に法が対象とする木造の戸建住宅とはどういうものかが明確ではありませんでした。

　ところが、今回の基準法改正で、空き家を既存建築ストックとして有効活用すると謳っています。そしてその有効活用を促進する手段としては、他の用途に転用することだとして、その転用における規制を緩和しました。東京都では一番のネックだったのが東京都建築安全条例の窓先空地でしたが、それもなくなりました。そして、転用する際に必要だった特殊建築物の用途変更の建築確認申請の規模を100㎡超から200㎡超までに拡げました。なぜ申請不要の範囲を200㎡以下にしたのかの理由については、国交省が調査したところ問題となっている戸建住宅の空き家の約9割がこの規模の範囲内に収まると分ったからでした。

　よって、戸建住宅の空き家の利活用を考える場合、ほとんどの規模で建築確認申請をせずに用途変更の工事ができることになりました。さらに用途変更の工事には必要とされた耐火構造の大規模な改修工事も不要とされ、在館者が迅速に避難できる工夫（全室に連動して作動する警報設備の設置等）をすれば良いと規制の緩和がされました。用途内容についても、待機児童の解消に資する小規模保育や認知症患者のグループホーム等の福祉施設、飲食店や物販店等の商業施設、シェアハウスや民泊等の宿泊施設も認めるとする内容となっています。これらの規制緩和の対象をみると、やはり、木造2階建で500㎡以下、かつ、高さ13m・軒高9m以下の木造4号建築物に焦点を当てているように思われます。そこで、空き家が木造4号建築物だった場合は、たとえその敷地が無接道敷地だったとしても、建築確認申請をせずに、大規模の修繕や模様替の工事を通じて利活用への準備ができます。

　つまり、今回の建築基準法の改正では、木造4号建築物の空き家をいち早く用途変更して利活用を促し、適切な維持管理を持続させることで、空家法で行政が是正措置の対象としている特定空家等にはしないという狙いが感じられます。

　昨今、少子・高齢化により、日本の人口が急激に減少し、産業界においては外国人材の受け入れが急務とテレビ・新聞等で報道されています。また、長引く不況で、若者を中心とした正規雇用に就けない人々が増加して、経済的に苦しい状況のなかにあります。

　一方、都心部のベッドタウンを形成し、日本の経済を牽引されてきた団塊の世代の方々は、現役を引退されて早や10年を超えました。そして、その相続の継承が無事に行われるかが国レベルで懸念されています。特に土地・建物の相続がうまくいかなかった場合は、空き家

となり、適正な維持管理が難しくなるからです。また、昔に比べて現代は、世代を超えて家族形成が難しいといわれるようになり、独居生活や孤独死等の「無縁社会」の心配も膨らんでいます。そうした社会的な背景からか、空き家の利活用として、シェアハウスが注目を集めています。若者は保証人がいない状況と住居費を節約する目的で、高齢者は孤独死や家族がいない寂しさを癒すため、入居する理由は様々ですが、同じ屋根の下で共同生活をしてお互いに助け合って生きていくという新しい人生のスタイルが生まれつつあります。

　こうした時代の流れのなかで空き家の利活用が合法的に進んでいけば、まだまだ日本の社会は、色んな事象において救われていくのではないかと勝手に思っています。

　後半の第2編では、迷惑空き家となった特定空家等と近隣住民や行政はどのように向き合っていけばいいのかを検討しています。近隣住民としても行政としても空家法が成立する以前から、実は民事事項の一つとして対処せねばならない問題でした。空家法で何ができるようになったのか、空家法だけでは足りない側面をどのように工夫して対処していけばいいのか等を私が経験した実例を基にバーチャル区役所の職員や近隣住民たちの会話の中で議論させて頂きました。

3、監修者の幸田雅治先生との出会い

　民主主義の基礎を成す地方自治、そのなかで、とりわけ、住民の意思を反映した住民自治の発展こそが最も重要であるとお考えになられる幸田先生とは、平成28年3月9日に、初めて区役所の窓口で出会いました。幸田先生は中野区の情報公開審査会・個人情報保護審査会でも重要な立場にあり、私が現在所属する道路管理部門においても、私道の2項道路におけるセットバック部分の工事図面が不動産業者等の第三者から開示請求された場合、個人情報保護の問題に当たるため、その是非について審査会にお伺いしており、日頃から大変お世話になっています。

　空き家問題の解決もまさしく、幸田先生が研究されている住民自治に関連したテーマであり、行政の一方的な是正指導や強権的な命令の発動で解決できるものではありません。住民の自主的な行動があって、いや、むしろ、行政がその行動の後押しをするコーディネーター的な役割を担うことで、ようやく解決の道が開かれると感じています。

　その日の朝、中野区の空き家対策についてお調べに来られた幸田先生のとても温和な、にこやかな表情で、そして紳士的に語られるそのお姿に接しているうち、いつしか緊張感がほぐれ、素直な気持ちで、自分自身が抱えている課題についても包み隠さず打ち明けるような感じになっていました。

　そして、先生と語り合うなかで、ごく自然と、自分がこれまで空き家対策について書きとめてきた資料のコピーを先生にお渡しして参考に読んで頂くこととなりました。

後日、先生が窓口にいらっしゃった時には、お渡しした資料には数多くの付箋が貼られており、細部にわたって色々と懇切丁寧に助言を頂くことができました。そして、別れ際に、ここまで行政職員の立場でしっかりと書かれたのだから出版なさったらいかがですかとお勧めの言葉を頂きました。しかし、その時点では出版なんて全く考えもしていませんでした。

　ところが、その後、大学で共に学んだ友人（現在は母校の大学で法学部の教授をしている）から空き家対策について学生に講義をして欲しいと頼まれ、平成28年5月に母校の大教室で講師を務めることになりました。この講義のために約3ヶ月間かけて準備した原稿が、「中野区職員のための空家対策ハンドブック」の基になっています。

　また、平成29年3月には、東京都行政書士会空家対策特別委員会の方々が、中野区の空き家対策について調査に来られた際は、平成28年12月1日付で完成した上記のハンドブックを読まれ、その3ヶ月後の6月に正式に行政書士会会員向けの研修用テキストの作成と研修会での講師を依頼されました。

　そして、本書をいよいよ本格的に出版しようと取り掛かった本年（平成31年）2月に、ご縁があって、再び幸田先生と巡りあうことになりました。そして出版社からも、是非、幸田先生に監修をお願いしたいとのご要望がありましたので、先生にご相談したところ、快くお引き受け下さいました。幸田先生から出版の勧めのお言葉を頂いてから、ちょうど3年の月日が流れて、ついに本書を出版することができました。

4、読者へのお願い

　建築基準法は、とても複雑で、法文を読んだだけでは、さっぱり頭に入ってきません。私も仕事とはいえ、数年間携わることになりましたが、専門的で技術的なことなどはよく理解できていません。しかし、空き家を所有されている方々は待ったなしで、この法律と向き合っていかなくてはならなくなります。そこで、私自身、建築士の資格を持たない身分ですが、空き家問題に関連する事項については、職務を通じて身に着けた知識や経験を基に、できるだけわかりやすく、読者の皆様にお伝えしていく必要性があるのではないかと思い、勇気を振り絞って、このたび執筆を致しました。

　ですから、前半部分の建築基準法関連につきましては、私の勉強不足で、記述内容に間違いや足りないところがあるかも知れません。これについては全て、著者である私の責任ですので、先にお詫びをさせて頂きたいと思います。

　しかし、空き家の利活用や処分等では、こんな風に法律が関係しているんだなと、ご理解頂けたらいいんじゃないかなと思っています。その意味で読者の皆様に少しでもお役に立てたなら幸いと存じます。

【プロフィール】

著 者

松岡 政樹（まつおか まさき）

中野区　都市基盤部　主任　（法学修士、行政書士有資格者）

≪経歴≫
- 1990年、中野区役所入区。
- 2010年、建築監察を行うなかで空き家対策に7年間従事。
- 2016年、中野区の空き家対策条例（案）の起草を手掛ける。
- 2017年、道路管理の部署に異動となり、現在に至る。
  同年、東京都行政書士会空家対策特別委員会から空家対策研修用テキストの作成の要請を受け、研修講師を務める。

監修者

幸田 雅治（こうだ まさはる）

神奈川大学　法学部　教授　（弁護士）

≪経歴≫
- 1979年自治省（現総務省）入省。内閣官房内閣審議官（地方分権一括法案担当）、総務省自治行政局行政課長、総務省消防庁国民保護・防災部長などを歴任。
- 2014年4月から神奈川大学法学部教授。2013年6月、弁護士登録。
- 空き家対策関連では、「所有者不明土地問題研究会」（増田研究会）委員（2017年～2019年）、全国空き家対策推進協議会所有者特定・財産管理制度部会委員（2017年～）、日本弁護士連合会所有者不明土地問題ワーキング委員（2017年～）を務める。
- 日本弁護士連合会では、自治体等連携センター条例部会長、公害対策・環境保全委員会委員などを務める。

≪著書≫
- 『政策法務の基礎知識（改訂版）』（第一法規、2008年）、『行政不服審査法の使いかた』（法律文化社、2016年）、『深刻化する空き家問題』（日弁連自治体等連携センター、公害対策・環境保全委員会編、明石書店、2018年）、『地方自治論』（法律文化社、2018年）など。

図解 こちら
バーチャル区役所の
空き家対策相談室です
空き家対策を実際に担当した現役行政職員の研究レポート

2019 年 8 月 22 日　初版発行

著　者
　　　松岡　政樹
監　修
　　　幸田　雅治
キャラクターデザイン
　　　松岡　美佐子
発行人
　　　武内　英晴
発行所
　　　公人の友社
　　　〒112-0002　東京都文京区小石川5－26－8
　　　TEL 03－3811－5701
　　　FAX 03－3811－5795
　　　Eメール info@koujinnotomo.com
　　　ホームページ http://koujinnotomo.com/